は　じ

技能検定は、労働者の有する技能を一　　　　　　　　　　　　　公証する国家検定制度であり、技能に対する社会一般の評価を高め、働く人々の技能と地位の向上を図ることを目的として、職業能力開発促進法に基づいて1959年（昭和34年）から実施されています。

当研究会では、1975年（昭和50年）から技能検定試験受検者の学習に資するため、過去に出題された学科試験問題（1・2級）に解説を付して、「学科試験問題解説集」を発行しております。

このたびさらに、平成30・令和元・2年度に出題された学科試験問題、ならびに令和2年度の実技試験問題（計画立案等作業試験は2年分を収録[注]）を「技能検定試験問題集（正解表付き）」として発行することになりました。

本問題集が1級・2級の技能士を目指して技能検定試験を受検される多くの方々にご利用いただき、大きな成果が上がることを祈念いたします。

令和3年8月

一般社団法人 雇用問題研究会

都合により令和元年度を収録しておりません。

目　　次

はじめに
技能検定の概要 …… 5
技能検定の受検に必要な実務経験年数一覧 …… 8
都道府県及び中央職業能力開発協会所在地一覧 …… 9

【型枠施工】
Ⅰ　実技試験問題
　1　型枠工事作業
　　2級　令和 2 年度　製作等作業試験 …… 12
　　1級　令和 2 年度　製作等作業試験 …… 16
　　　　　　　　　　　計画立案等作業試験 …… 21
　　　　平成 30 年度　計画立案等作業試験 …… 25
Ⅱ　学科試験問題
　1　型枠工事作業
　　2級　令和 2 年度 …… 30
　　　　令和 元 年度 …… 39
　　　　平成 30 年度 …… 48
　　1級　令和 2 年度 …… 58
　　　　令和 元 年度 …… 67
　　　　平成 30 年度 …… 75

Ⅲ　正解表
　実技 …… 86
　学科 …… 88

技能検定の概要

1　技能検定試験の等級区分

技能検定試験は合格に必要な技能の程度を等級ごとに次のとおりに区分しています。

特　　級：検定職種ごとの管理者又は監督者が通常有すべき技能及びこれに関する知識の程度

１　　級：検定職種ごとの上級の技能労働者が通常有すべき技能及びこれに関する知識の程度

２　　級：検定職種ごとの中級の技能労働者が通常有すべき技能及びこれに関する知識の程度

３　　級：検定職種ごとの初級の技能労働者が通常有すべき技能及びこれに関する知識の程度

単一等級：検定職種ごとの上級の技能労働者が通常有すべき技能及びこれに関する知識の程度

※これらの他に外国人実習生等を対象とした基礎級があります。

2　検定試験の基準

技能検定は、実技試験及び学科試験によって行われています。

実技試験は、実際に作業などを行わせて、その技量の程度を検定する試験であり、学科試験は、技能の裏付けとなる知識について行う試験です。

実技試験及び学科試験は、検定職種の等級ごとに、それぞれの試験科目及びその範囲が職業能力開発促進法施行規則により、また、その具体的な細目が厚生労働省職業能力開発局長通達により定められています。

(1)　実技試験

実技試験は、実際に作業（物の製作、組立て、調整など）を行わせて試験する、製作等作業試験が中心となっており、検定職種の大部分のものについては、その課題が試験日に先立って公表されています。

試験時間は、１級、２級及び単一等級については原則として５時間以内、３級については３時間以内が標準となっています。

また、検定職種によっては、製作等作業試験の他、実際的な能力を試験するため、次のような判断等試験又は計画立案等作業試験が併用されることがあります。

① 判断等試験

判断等試験は、製作等作業試験のみでは技能評価が困難な場合又は検定職種の性格や試験実施技術等の事情により製作等作業試験の実施が困難な場合に用いられるもので、例えば技能者として体得していなければならない基本的な技能について、原材料、模型、写真などを受検者に提示し、判別、判断などを行わせ、その技能を評価する試験です。

② 計画立案等作業試験

製作等作業試験、判断等試験の一方又は双方でも技能評価が不足する場合に用いられるもので、現場における実際的、応用的な課題を、表、グラフ、文章などにより設問したものを受検者に提示し、計算、計画立案、予測などを行わせることにより技能の程度を評価する試験です。

(2) 学科試験

学科試験は、単に学問的な知識を試験するものではなく、作業の遂行に必要な正しい判断力及び知識の有無を判定することに主眼がおかれています。また、それぞれの等級における試験の概要は次表のとおりです。

この中で、真偽法は一つの問題文の正誤を回答する形式であり、五肢択一法及び四肢択一法は一つの問題文について複数の選択肢の中から一つを選択して回答する形式です。

■学科試験の概要

等級区分	試験の形式	問題数	試験時間
特　　級	五肢択一法	50 題	2 時間
1　　級	真偽法及び四肢択一法	50 題	1 時間 40 分
2　　級	真偽法及び四肢択一法	50 題	1 時間 40 分
3　　級	真偽法	30 題	1 時間
単一等級	真偽法及び四肢択一法	50 題	1 時間 40 分

3　技能検定の受検資格

技能検定を受検するには、原則として検定職種に関する実務の経験が必要で、その年数は職業訓練歴、学歴等により異なっています（別表 1 参照）。

この実務の経験の範囲には、現場での作業のみならず管理、監督、訓練、教育及び研究の業務や訓練又は教育を受けた期間が含まれます。

4　試験の実施日程

技能検定試験は職種ごとに前期、後期に分かれていますが、日程の概要は次のとおりです。

項	前　期	後　期
受付期間	4月上旬～中旬	10月上旬～中旬
実技試験	6月上旬～9月上旬	12月上旬～翌年2月中旬
学科試験	8月下旬～9月上旬の日曜日 3級は7月中旬～下旬の日曜日	翌年1月下旬～2月上旬の日曜日
合格発表	10月上旬、3級は8月下旬	翌年3月中旬

※日程の詳細については都道府県職業能力開発協会（連絡先等は別表2参照）にお問い合わせ下さい。

5　技能検定の実施体制

技能検定は厚生労働大臣が定めた、実施計画に基づいて行うものですが、その実施業務は、厚生労働大臣、都道府県知事、中央職業能力開発協会、都道府県職業能力開発協会等の間で分担されており、受検の受付及び試験の実施については、都道府県職業能力開発協会が行っています。

6　技能検定試験受検手数料

技能検定試験の受検手数料は「実技試験：18,200円」及び「学科試験：3,100円」を標準額として、職種ごとに各都道府県で決定しています（令和3年4月1日現在、都道府県知事が実施する111職種）。

なお、35歳未満の方は、2級又は3級の実技試験の受検手数料が最大9,000円減額されます。詳しくは都道府県職業能力開発協会にお問い合わせ下さい。

7　技能検定の合格者

技能検定の合格者には、厚生労働大臣名（特級、1級、単一等級）又は都道府県知事名等（2級、3級）の合格証明が交付され、技能士と称することができます。

別表1

技能検定の受検に必要な実務経験年数一覧

（都道府県知事が実施する検定職種）

（単位：年）

<table>
<tr><th colspan="2" rowspan="2">受　検　対　象　者
（※1）</th><th>特級</th><th colspan="3">1　　級</th><th colspan="2">2　　級</th><th rowspan="2">3
級
（※7）</th><th rowspan="2">基礎級
（※7）</th><th rowspan="2">単一等級</th></tr>
<tr><th>1　級
合格後</th><th></th><th>2　級
合格後</th><th>3　級
合格後</th><th></th><th>3　級
合格後</th></tr>
<tr><td colspan="2">実務経験のみ</td><td rowspan="15">5</td><td>7</td><td rowspan="10">2</td><td rowspan="10">4</td><td>2</td><td rowspan="13">0</td><td>0 ※8</td><td>0 ※8</td><td>3</td></tr>
<tr><td colspan="2">専門高校卒業　※2
専修学校（大学入学資格付与課程に限る）卒業</td><td>6</td><td>0</td><td>0</td><td>0</td><td>1</td></tr>
<tr><td colspan="2">短大・高専・高校専攻科卒業　※2
専門職大学前期課程修了
専修学校（大学編入資格付与課程に限る）卒業</td><td>5</td><td>0</td><td>0</td><td>0</td><td>0</td></tr>
<tr><td colspan="2">大学卒業（専門職大学前期課程修了者を除く）　※2
専修学校（大学院入学資格付与課程に限る）卒業</td><td>4</td><td>0</td><td>0</td><td>0</td><td>0</td></tr>
<tr><td rowspan="3">専修学校　※3
又は各種学校卒業
（厚生労働大臣が指定したものに限る。）</td><td>800時間以上</td><td>6</td><td>0</td><td>0 ※9</td><td>0 ※9</td><td>1</td></tr>
<tr><td>1600時間以上</td><td>5</td><td>0</td><td>0 ※9</td><td>0 ※9</td><td>1</td></tr>
<tr><td>3200時間以上</td><td>4</td><td>0</td><td>0 ※9</td><td>0 ※9</td><td>0</td></tr>
<tr><td>短期課程の普通職業訓練修了 ※4 ※10</td><td>700時間以上</td><td>6</td><td>0</td><td>0 ※6</td><td>0 ※6</td><td>1</td></tr>
<tr><td rowspan="2">普通課程の普通職業訓練修了 ※4 ※10</td><td>2800時間未満</td><td>5</td><td>0</td><td>0</td><td>0</td><td>1</td></tr>
<tr><td>2800時間以上</td><td>4</td><td>0</td><td>0</td><td>0</td><td>0</td></tr>
<tr><td colspan="2">専門課程又は特定専門課程の高度職業訓練修了 ※4 ※10</td><td>3</td><td>1</td><td>2</td><td>0</td><td>0</td><td>0</td><td>0</td></tr>
<tr><td colspan="2">応用課程又は特定応用課程の高度職業訓練修了 ※10</td><td colspan="3">1</td><td>0</td><td>0</td><td>0</td><td>0</td></tr>
<tr><td colspan="2">長期課程又は短期養成課程の指導員訓練修了 ※10</td><td colspan="3">1 ※5</td><td>0 ※5</td><td>0</td><td>0</td><td>0</td></tr>
<tr><td colspan="2">職業訓練指導員免許取得</td><td colspan="3">1</td><td>—</td><td>—</td><td>—</td><td>—</td><td>0</td></tr>
<tr><td colspan="2">長期養成課程の指導員訓練修了 ※10</td><td colspan="3">0</td><td>0</td><td>0</td><td>0</td><td>0</td><td>0</td></tr>
</table>

※ 1：検定職種に関する学科、訓練科又は免許職種に限る。

※ 2：学校教育法による大学、短期大学又は高等学校と同等以上と認められる外国の学校又は他法令学校を卒業した者並びに独立行政法人大学改革支援・学位授与機構により学士の学位を授与された者は学校教育法に基づくそれぞれのものに準ずる。

※ 3：大学入学資格付与課程、大学編入資格付与課程及び大学院入学資格付与課程の専修学校を除く。

※ 4：職業訓練法の一部を改正する法律（昭和53年法律第40号）の施行前に、改正前の職業訓練法に基づく高等訓練課程又は特別高等訓練課程の養成訓練を修了した者は、それぞれ改正後の職業能力開発促進法に基づく普通課程の普通職業訓練又は専門課程の高度職業訓練を修了したものとみなす。また、職業能力開発促進法の一部を改正する法律（平成4年法律第67号）の施行前に、改正前の職業能力開発促進法に基づく専門課程の養成訓練を修了した者は、専門課程の高度職業訓練を修了したものとみなし、改正前の職業能力開発促進法に基づく普通課程の養成訓練又は職業転換課程の能力再開発訓練（いずれも800時間以上のものに限る。）を修了した者はそれぞれ改正後の職業能力開発促進法に基づく普通課程又は短期課程の普通職業訓練を修了したものとみなす。

※ 5：短期養成課程の指導員訓練のうち、実務経験者訓練技法習得コースの修了者については、訓練修了後に行われる能力審査（職業訓練指導員試験に合格した者と同等以上の能力を有すると職業能力開発総合大学校の長が認める審査）に合格しているものに限る。

※ 6：総訓練時間が700時間未満のものを含む。

※ 7：3級及び基礎級の技能検定については、上記のほか、検定職種に関する学科に在学する者及び検定職種に関する訓練科において職業訓練を受けている者も受検できる。また、3級の技能検定については工業高等学校に在学する者等であって、かつ、工業高等学校の教員等による検定職種に係る講習を受講し、当該講習の責任者から技能検定試験受検に際して安全衛生上の問題等がないと判定されたものも受検できる。

※ 8：検定職種に関し実務の経験を有する者について、受検資格を認めることとする。

※ 9：当該学校が厚生労働大臣の指定を受けたものであるか否かに関わらず、受検資格を付与する。

※ 10：職業能力開発促進法第92条に規定する職業訓練又は指導員訓練に準ずる訓練の修了者においても、修了した職業訓練又は指導員訓練の訓練課程に応じ、受検資格を付与する。

別表2　**都道府県及び中央職業能力開発協会所在地一覧**

（令和3年4月現在）

協会名	郵便番号	所在地	電話番号
北海道職業能力開発協会	003-0005	札幌市白石区東札幌5条1-1-2　北海道立職業能力開発支援センター内	011-825-2386
青森県職業能力開発協会	030-0122	青森市大字野尻字今田43-1　青森県立青森高等技術専門校内	017-738-5561
岩手県職業能力開発協会	028-3615	紫波郡矢巾町大字南矢幅10-3-1　岩手県立産業技術短期大学校内	019-613-4620
宮城県職業能力開発協会	981-0916	仙台市青葉区青葉町16-1	022-271-9917
秋田県職業能力開発協会	010-1601	秋田市向浜1-2-1　秋田県職業訓練センター内	018-862-3510
山形県職業能力開発協会	990-2473	山形市松栄2-2-1	023-644-8562
福島県職業能力開発協会	960-8043	福島市中町8-2　福島県自治会館5階	024-525-8681
茨城県職業能力開発協会	310-0005	水戸市水府町864-4　茨城県職業人材育成センター内	029-221-8647
栃木県職業能力開発協会	320-0032	宇都宮市昭和1-3-10　栃木県庁舎西別館	028-643-7002
群馬県職業能力開発協会	372-0801	伊勢崎市宮子町1211-1	0270-23-7761
埼玉県職業能力開発協会	330-0074	さいたま市浦和区北浦和5-6-5　埼玉県浦和合同庁舎5階	048-829-2802
千葉県職業能力開発協会	261-0026	千葉市美浜区幕張西4-1-10	043-296-1150
東京都職業能力開発協会	101-8527	千代田区内神田1-1-5　東京都産業労働局神田庁舎5階	03-6631-6052
神奈川県職業能力開発協会	231-0026	横浜市中区寿町1-4　かながわ労働プラザ6階	045-633-5419
新潟県職業能力開発協会	950-0965	新潟市中央区新光町15-2　新潟県公社総合ビル4階	025-283-2155
富山県職業能力開発協会	930-0094	富山市安住町7-18　安住町第一生命ビル2階	076-432-9887
石川県職業能力開発協会	920-0862	金沢市芳斉1-15-15　石川県職業能力開発プラザ3階	076-262-9020
福井県職業能力開発協会	910-0003	福井市松本3-16-10　福井県職員会館ビル4階	0776-27-6360
山梨県職業能力開発協会	400-0055	甲府市大津町2130-2	055-243-4916
長野県職業能力開発協会	380-0836	長野市大字南長野南県町688-2　長野県婦人会館3階	026-234-9050
岐阜県職業能力開発協会	509-0109	各務原市テクノプラザ1-18　岐阜県人材開発支援センター内	058-260-8686
静岡県職業能力開発協会	424-0881	静岡市清水区楠160	054-345-9377
愛知県職業能力開発協会	451-0035	名古屋市西区浅間2-3-14　愛知県職業訓練会館内	052-524-2034
三重県職業能力開発協会	514-0004	津市栄町1-954　三重県栄町庁舎4階	059-228-2732
滋賀県職業能力開発協会	520-0865	大津市南郷5-2-14	077-533-0850
京都府職業能力開発協会	612-8416	京都市伏見区竹田流池町121-3　京都府立京都高等技術専門校内	075-642-5075
大阪府職業能力開発協会	550-0011	大阪市西区阿波座2-1-1　大阪本町西第一ビルディング6階	06-6534-7510
兵庫県職業能力開発協会	650-0011	神戸市中央区下山手通6-3-30　兵庫勤労福祉センター1階	078-371-2091
奈良県職業能力開発協会	630-8213	奈良市登大路町38-1　奈良県中小企業会館2階	0742-24-4127
和歌山県職業能力開発協会	640-8272	和歌山市砂山南3-3-38　和歌山技能センター内	073-425-4555
鳥取県職業能力開発協会	680-0845	鳥取市富安2-159　久本ビル5階	0857-22-3494
島根県職業能力開発協会	690-0048	松江市西嫁島1-4-5　SPビル2階	0852-23-1755
岡山県職業能力開発協会	700-0824	岡山市北区内山下2-3-10　アマノビル3階	086-225-1547
広島県職業能力開発協会	730-0052	広島市中区千田町3-7-47　広島県情報プラザ5階	082-245-4020
山口県職業能力開発協会	753-0051	山口市旭通り2-9-19　山口建設ビル3階	083-922-8646
徳島県職業能力開発協会	770-8006	徳島市新浜町1-1-7	088-663-2316
香川県職業能力開発協会	761-8031	高松市郷東町587-1　地域職業訓練センター内	087-882-2854
愛媛県職業能力開発協会	791-1101	松山市久米窪田町487-2　愛媛県産業技術研究所　管理棟2階	089-993-7301
高知県職業能力開発協会	781-5101	高知市布師田3992-4	088-846-2300
福岡県職業能力開発協会	813-0044	福岡市東区千早5-3-1　福岡人材開発センター2階	092-671-1238
佐賀県職業能力開発協会	840-0814	佐賀市成章町1-15	0952-24-6408
長崎県職業能力開発協会	851-2127	西彼杵郡長与町高田郷547-21	095-894-9971
熊本県職業能力開発協会	861-2202	上益城郡益城町田原2081-10　電子応用機械技術研究所内	096-285-5818
大分県職業能力開発協会	870-1141	大分市大字下宗方字古川1035-1	097-542-3651
宮崎県職業能力開発協会	889-2155	宮崎市学園木花台西2-4-3	0985-58-1570
鹿児島県職業能力開発協会	892-0836	鹿児島市錦江町9-14	099-226-3240
沖縄県職業能力開発協会	900-0036	那覇市西3-14-1	098-862-4278
中央職業能力開発協会	160-8327	新宿区西新宿7-5-25　西新宿プライムスクエア11階	03-6758-2859

型枠施工

実技試験問題

令和2年度 技能検定
2級 型枠施工(型枠工事作業)
実技試験(製作等作業試験)問題

次の注意事項及び仕様に従って、用意された型起こし台(合板パネル)を基礎捨てコンクリート上端と仮定し、型枠施工図に示す基礎型枠(片側半分のもの)の下ごしらえ及び組立て作業を行いなさい。

1 試験時間

標準時間　　5時間

打切り時間　5時間30分

2 注意事項

(1) 支給された材料の品名、数量等が「4 支給材料」のとおりであることを確認すること。

(2) 支給された材料に異常がある場合は、申し出ること。

(3) 支給材料以外の材料は、使用しないこと。

(4) 試験開始後は、原則として、支給材料の再支給をしない。ただし、くぎについては、再支給を行うので、不足した場合には申し出ること。

(5) 型起こし台の芯墨やベース墨に狂いがある場合又は墨が薄い場合は、技能検定委員に申し出て、指示を受けること。

(6) 使用工具等は、使用工具等一覧表で指定した以外のものは使用しないこと。

(7) 試験中は、工具等の貸し借りを禁止する。

(8) 試験に係る木取り表及び割付け図は、試験場には持ち込まないこと。

(9) 法蓋(のりぶた)の現寸図は、型起こし台を下敷きにして、あらかじめ支給された用紙に作成すること。

(10) 組立て作業中は、必要に応じて、水準器を使用して型起こし台を水平にすること。

(11) 作業時の服装等は、作業に適したものとし、履物は、地下たび又は運動靴とすること。

(12) 試験中は、保護帽を着用すること。

(13) 標準時間を超えて作業を行った場合は、超過時間に応じて減点される。

(14) 作業が終了したら、技能検定委員に申し出ること。ただし、作業終了は、組立て作業が完了し周囲の後片付けが終了した時点とする。

(15) この問題には、事前に書き込みをしないこと。また、試験中には、他の用紙にメモをしたものや参考書等を参照することは禁止とする。

(16) 試験中は、携帯電話、スマートフォン、ウェアラブル端末等の使用(電卓機能の使用を含む。)を禁止とする。

3　仕様

(1)　現寸図は、法蓋隅木の桟木(切り木口を含む。)まで作成すること。

(2)　型枠の組立ては、型起こし台に打ってある墨を基準にして行い、柱型やはり型等の墨を打たないこと。

(3)　合板の下ごしらえに当たっては、表裏の使い分けをする必要はない。

(4)　墨付けは、墨さし・墨つぼ又は鉛筆のどちらを使用してもよい。

(5)　法蓋の各隅の取合い部は、法勾配に合うように削り合わせること。

(6)　法蓋の桟木の両端は、なじみよく切ること。

(7)　ゆがみ止め及び法蓋隅桟木の端部は、切断しなくてもよい。

(8)　型枠の組立て作業は、下ごしらえが終わってから行うこと。

(9)　組立て作業には、のこぎり及びかんなを使用しないこと。

(注)　この試験では、パネル作成のくぎ打ち時点からを組立て作業とする。ただし、くさび及びゆがみ止めの切断については、のこぎりを使用してもよい。

(10)　せき板のくぎ止めは、等間隔とすること。

(11)　開き止めは、型枠施工図に示した箇所に補助材を使用して設けること。
なお、ゆがみ止めは、必要な箇所に1又は2か所設けておくこと。

4　支給材料

品　名	寸法又は規格	数量	備　考
合板	910mm×1820mm×9mm	2枚	
桟木	(22mm～25mm)×(48mm～50mm)×2000mm	11本	長さが1820mmの場合は、数量を12本とする。
補助材	12mm×50mm×2000mm	3本	
くぎ	JIS A 5508 N38　鉄丸くぎ　長さ38mm程度のもの	必要数	約200本(約230g)
	JIS A 5508 N65　鉄丸くぎ　長さ65mm程度のもの		約140本(約510g)
現寸図作成用紙	A1(594mm×841mm) 程度	1枚	ケント紙

A３判を50%に縮小してあります

型枠施工図

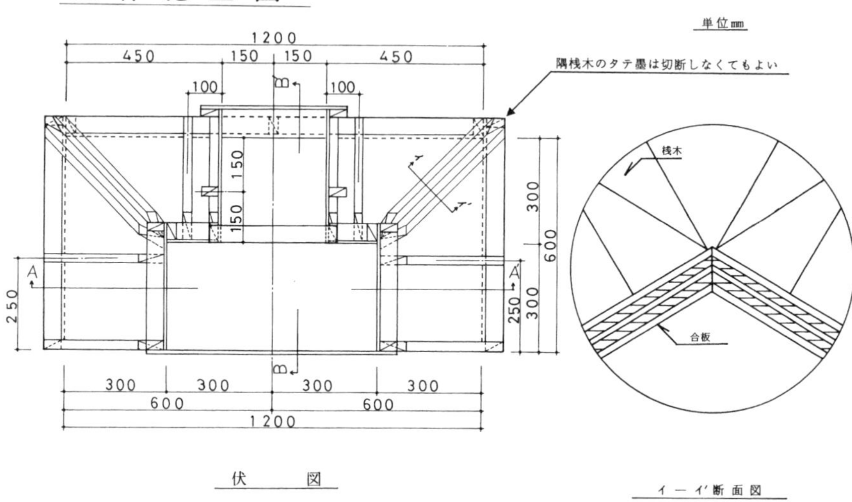

伏　図

イ－イ′断面図

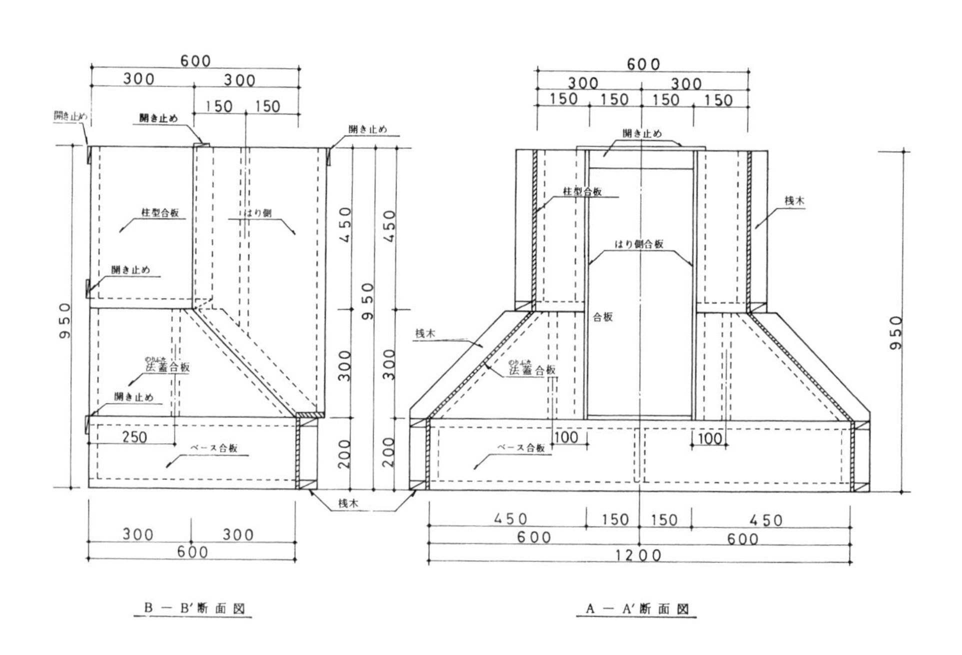

B－B′断面図

A－A′断面図

2級 型枠施工実技試験 使用工具等一覧表

1　受検者が持参するもの

品　　名	寸法又は規格	数量	備　　考
さしがね		1	
コンベックスルール(メジャー)	2m 以上のもの	1	
墨さし・墨つぼ		一式	墨付けで鉛筆を使用する場合は不要。
筆記用具		一式	
のこぎり		1	両歯、片歯のどちらでもよい。
かんな		1	
げんのう		1	型枠ハンマでもよい。
かじや(バール)		1	
下げ振り	水糸を含む。	1	
くぎ袋		1	
直定規	1m 程度	1	T 定規又は金属製直尺でもよい。
水準器		1	
作業服等		一式	地下たび又は運動靴を含む。
保護帽		1	

(注) 使用工具等は、上記のものに限るが、同一種類のものを予備として持参することは差し支えない。

2　試験場に準備されているもの
(数量は、受検者1名当たりの数量とする。)

品　　名	寸法又は規格	数量	備　　考
試験用型起こし台	1800mm×900mm×62mm 程度	1	

令和2年度 技能検定
1級 型枠施工(型枠工事作業)
実技試験(製作等作業試験)問題

次の注意事項及び仕様に従って、用意された型起こし台(合板パネル)を基礎捨てコンクリート上端と仮定し、型枠施工図に示す基礎型枠(片側半分のもの)の下ごしらえ及び組立て作業を行いなさい。

1 試験時間

標準時間　　5時間
打切り時間　5時間30分

2 注意事項

(1) 支給された材料の品名、数量等が「4 支給材料」のとおりであることを確認すること。
(2) 支給された材料に異常がある場合は、申し出ること。
(3) 支給材料以外の材料は、使用しないこと。
(4) 試験開始後は、原則として、支給材料の再支給をしない。ただし、くぎについては、再支給を行うので、不足した場合には申し出ること。
(5) 型起こし台の芯墨やベース墨に狂いがある場合又は墨が薄い場合は、技能検定委員に申し出て、指示を受けること。
(6) 使用工具等は、使用工具等一覧表で指定した以外のものは使用しないこと。
(7) 試験中は、工具等の貸し借りを禁止する。
(8) 試験に係る木取り表及び割付け図は、試験場には持ち込まないこと。
(9) 法蓋(のりぶた)の現寸図は、型起こし台を下敷きにして、あらかじめ支給された用紙に作成すること。
(10) 組立て作業中は、必要に応じて、水準器を使用して型起こし台を水平にすること。
(11) 作業時の服装等は、作業に適したものとし、履物は、地下たび又は運動靴とすること。
(12) 試験中は、保護帽を着用すること。
(13) 標準時間を超えて作業を行った場合は、超過時間に応じて減点される。
(14) 作業が終了したら、技能検定委員に申し出ること。ただし、作業終了は、組立て作業が完了し周囲の後片付けが終了した時点とする。
(15) **この問題には、事前に書き込みをしないこと。また、試験中には、他の用紙にメモをしたものや参考書等を参照することは禁止とする。**
(16) 試験中は、携帯電話、スマートフォン、ウェアラブル端末等の使用(電卓機能の使用を含む。)を禁止とする。

3　仕様

(1)　現寸図は、法蓋隅木の桟木(切り木口を含む。)まで作成すること。

(2)　型枠の組立ては、型起こし台に打ってある墨を基準にして行い、柱型やはり型等の墨を打たないこと。

(3)　合板の下ごしらえに当たっては、表裏の使い分けをする必要はない。

(4)　墨付けは、墨さし・墨つぼ又は鉛筆のどちらを使用してもよい。

(5)　法蓋の各隅の取合い部は、法勾配に合うように削り合わせること。

(6)　法蓋の桟木の両端は、なじみよく切ること。

(7)　ゆがみ止め及び法蓋隅桟木の端部は、切断しなくてもよい。

(8)　型枠の組立て作業は、下ごしらえが終わってから行うこと。

(9)　組立て作業には、のこぎり及びかんなを使用しないこと。

(注)　この試験では、パネル作成のくぎ打ち時点からを組立て作業とする。ただし、くさび及びゆがみ止めの切断については、のこぎりを使用してもよい。

(10)　せき板のくぎ止めは、等間隔とすること。

(11)　開き止めは、型枠施工図に示した箇所に補助材を使用して設けること。
なお、ゆがみ止めは、必要な箇所に1又は2か所設けておくこと。

4　支給材料

品　　名	寸法又は規格	数量	備　　考
合板	910mm×1820mm×9mm	2枚	
桟木	(22mm～25mm)×(48mm～50mm)×2000mm	11本	長さが 1820mm の場合は、数量を 12本とする。
補助材	12mm×50mm×2000mm	3本	
くぎ	JIS A 5508 N38　鉄丸くぎ　長さ 38mm 程度のもの	必要数	約 200 本(約 230g)
	JIS A 5508 N65　鉄丸くぎ　長さ 65mm 程度のもの		約 140 本(約 510g)
現寸図作成用紙	A1(594mm×841mm) 程度	1枚	ケント紙

A３判を50%に縮小してあります

型枠施工図

単位 mm

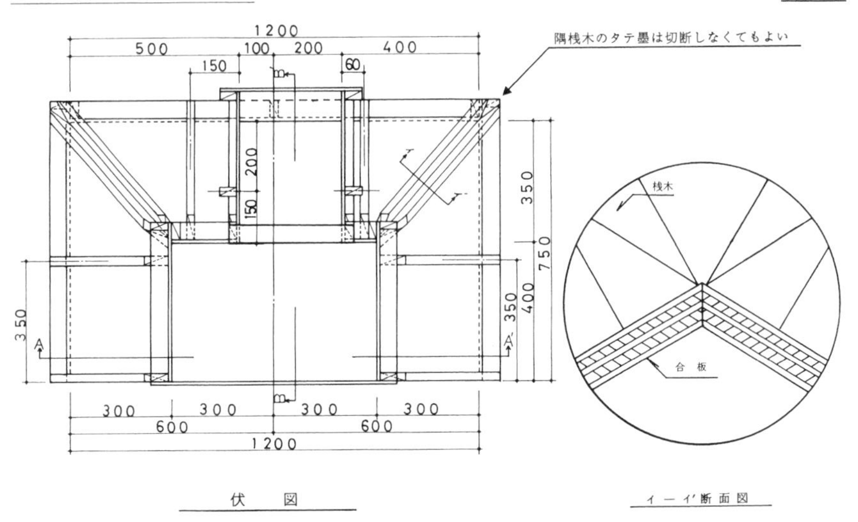

伏　図

ィ — ィ' 断面図

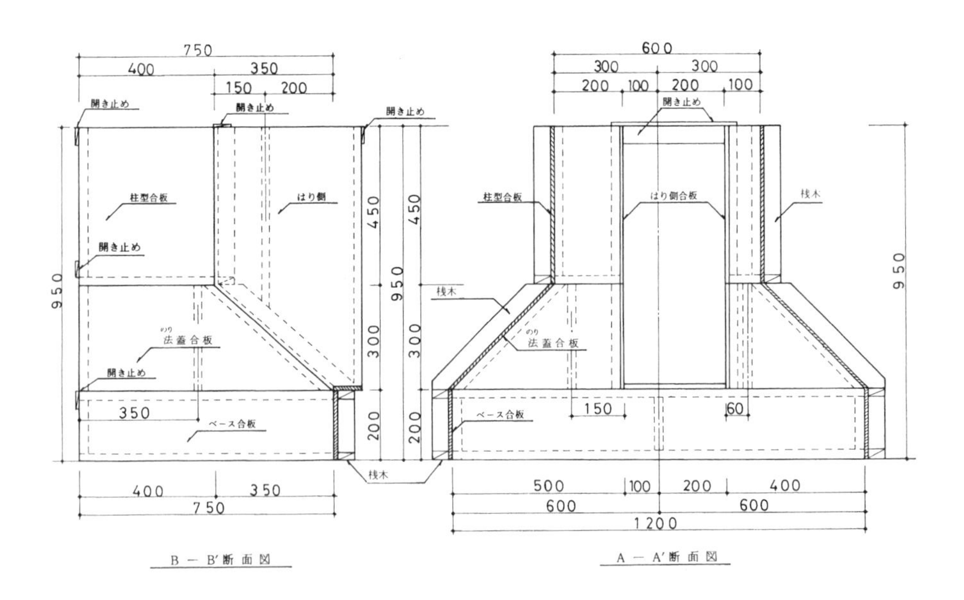

B — B' 断面図

A — A' 断面図

1級 型枠施工実技試験 使用工具等一覧表

1　受検者が持参するもの

品　　名	寸法又は規格	数量	備　　考
さしがね		1	
コンベックスルール(メジャー)	2m 以上のもの	1	
墨さし・墨つぼ		一式	墨付けで鉛筆を使用する場合は不要。
筆記用具		一式	
のこぎり		1	両歯、片歯のどちらでもよい。
かんな		1	
げんのう		1	型枠ハンマでもよい。
かじや(バール)		1	
下げ振り	水糸を含む。	1	
くぎ袋		1	
直定規	1m 程度	1	T 定規又は金属製直尺でもよい。
水準器		1	
作業服等		一式	地下たび又は運動靴を含む。
保護帽		1	

(注) 使用工具等は、上記のものに限るが、同一種類のものを予備として持参することは差し支えない。

2　試験場に準備されているもの
　(数量は、受検者1名当たりの数量とする。)

品　　名	寸法又は規格	数量	備　　考
試験用型起こし台	1800mm×900mm×62mm 程度	1	

実技試験(計画立案等作業試験)について

1　試験実施日

令和3年1月24日(日)

2　試験時間

2時間

3　問題の概要

躯体図及び仕様等に従い、型枠加工図(下ごしらえ図)に必要な寸法、パイプサポートの位置等を記入する。

4　持参用具等

品　　名	寸法又は規格	数量	備　　考
スケール		1	三角スケール等
筆記用具		一式	
三角定規		一組	
電子式卓上計算機	電池式(太陽電池式含む。)	1	
テンプレート		1	○の書けるもの

5　その他

試験中は、携帯電話、スマートフォン、ウェアラブル端末等の使用(電卓機能の使用を含む。)を禁止とする。

令和2年度 技能検定
1級 型枠施工（型枠工事作業）
実技試験（計画立案等作業試験）問題

1 試験時間

2時間

2 注意事項

(1) 係員の指示があるまで、この表紙はあけないでください。
(2) 解答用紙に、受検番号及び氏名を必ず2か所に記入してください。
(3) 係員の指示に従って、この試験問題が表紙を含めて4ページ、解答用紙が表紙を含めて2ページであることを確認してください。それらに異常がある場合は、黙って手を挙げてください。
(4) 試験開始の合図で始めてください。
(5) 解答は、解答用紙の解答欄に記入してください。
なお、要求している解答以外は、記入しないでください。
(6) 試験中は、携帯電話、スマートフォン、ウェアラブル端末等の使用(電卓機能の使用を含む。)を禁止とします。
(7) 試験中、質問があるときは、黙って手を挙げてください。ただし、試験問題の内容、漢字の読み方等に関する質問にはお答えできません。
(8) 試験終了時刻前に解答ができあがった場合は、黙って手を挙げて、係員の指示に従ってください。
(9) 試験中に手洗いに立ちたいときは、黙って手を挙げて、係員の指示に従ってください。
(10) 試験終了の合図があったら、筆記用具を置き、係員の指示に従ってください。
(11) 試験終了後、解答用紙を提出してください。
(12) 計算等は、問題用紙の余白又は裏面を使用して行ってください。

3 試験に使用できる用具等一覧

品　名	寸法又は規格	数量	備　考
スケール		1	三角スケール等
筆記用具		一式	
三角定規		一組	
電子式卓上計算機	電池式(太陽電池式含む。)	1	
テンプレート		1	○の書けるもの

4　問題及び課題図

別添の課題図(鉄筋コンクリート造1階平面図(見上図)、断面図等)及び次の仕様に従って、型枠加工図(下ごしらえ図)に必要な寸法等、並びに④～⑤・Ⓐ～Ⓑ間に設けるスラブ下(はり下を含む。)のパイプサポートの位置及び型枠支保工の組立図を、解答用紙の所定の欄にそれぞれ記入しなさい。

なお、別添の課題図及び解答用紙の縮尺については、書き込み寸法とし、およその縮尺とする。

仕　様

(1)　型枠加工図に必要な寸法等の記入

イ　型枠加工図に必要な寸法等は、1階平面図(見上図)、断面図等から算出し、指定された欄内に記入すること。

なお、記入する欄と記入例は、次のとおりとする。

(　150　)	・・・・・・・・・・	寸法の記入欄と記入例
{　1C2A　}	・・・・・・・・・・	柱の記号の記入欄と記入例
[　南 面　]又は[　南　]	・・・・・・・・・・	柱型の符号の記入欄と記入例

ロ　型枠加工図は、内部から見た図面とすること。

ハ　記入寸法は、mm単位とすること。

ニ　型枠合板の厚さは、全て12mmとすること。

ホ　桟(さん)木の大きさは、全て25mm×50mmとすること。

ヘ　はり側と壁のせき板と柱せき板との取合いは、解答用紙の柱断面図に示すとおりとすること。

なお、はり及びたれ壁(さがり壁)の底板は、柱のコンクリート面まで延ばすこと。

ト　スラブせき板は、柱せき板の上に乗るようにすること。

チ　小ばり側のせき板及び階段蹴込み板は、コンクリート面まで延ばすこと。

(2)　④～⑤・Ⓐ～Ⓑ間に設けるスラブ下(はり下を含む。)のパイプサポートの位置の記入及び型枠支保工の組立図の作成

パイプサポートの位置及び型枠支保工の組立図は、縮尺を1／50として作図すること。

なお、材料は、「ハ 型枠及び型枠支保工の材料表」に示す材料を全て使用すること。

イ　パイプサポートの位置(平面図に示すこと。ただし、大引きは、表示する必要はない。)

(イ)　パイプサポートの位置は、補助サポートを使用するものの位置を◎印、使用しないものの位置を○印で表すこと。

(ロ)　はり下のパイプサポートとスラブ下のパイプサポートの位置は、一直線上に並ぶようにすること。

(ハ)　壁の付かない大ばりと小ばりのパイプサポートは二列に、壁の付く大ばりと小ばりのパイプサポートは一列に配置すること。

(ニ)　大ばりと小ばりの交点には、パイプサポートを入れること。

ロ　型枠支保工の組立図(断面図に示すこと。)

(イ)　型枠支保工の組立図には、根太、大引き、支柱(パイプサポート)、水平つなぎ及び水平方向の荷重による倒壊を防止するための部材(チェーン等)の配置を示すこととし、スラブ、はり底の合板、支柱脚部の滑動防止措置(根がらみ等)、水平つなぎ緊結金物及び水平つなぎの変位防止材(筋かい等)を表示する必要はないものとする。

なお、根がらみは、水平つなぎと見なさないものとする。

(ロ)　図面の仕上がりは、解答用紙に描いてある断面図の記入例を参考にすること。

(ハ)　寸法や部材名等は、記入しなくてもよい。

ハ　型枠及び型枠支保工の材料表

型枠及び型枠支保工の材料は、次表のとおりである。

品　名	寸法又は規格	数量	備　考
パイプサポート	標準型(最大働き寸法 3,450mm)	81 本	支柱用
	補助サポート(1,200mm)	70 本	
木製ばた角	90mm×90mm×3,800mm	8 本	大引き用
	90mm×90mm×(500mm～700mm)	必要量	はり下受け材料 (とんぼばた用)
単管	φ48.6mm×(2,500mm～4,000mm)	必要量	根太用、根がらみ用及び水平つなぎ用
合板	900mm×1,800mm×12mm	必要量	せき板用
チェーン、ターンバックル又は単管		必要量	水平変位を防止するための部材用
緊結金物		必要量	

課題図は本書巻末に掲載しています。

平成30年度 技能検定
1級 型枠施工（型枠工事作業）
実技試験（計画立案等作業試験）問題

1 試験時間

2時間

2 注意事項

(1) 係員の指示があるまで、この表紙はあけないでください。

(2) 解答用紙に、受検番号及び氏名を必ず2か所記入してください。

(3) 係員の指示に従って、この試験問題が表紙を含めて4ページであることを確認してください。それらに異常がある場合は、黙って手を挙げてください。

(4) 試験開始の合図で始めてください。

(5) 解答は、解答用紙の解答欄に記入してください。
なお、要求している解答以外は記入しないでください。

(6) 試験中は、携帯電話(電卓機能の使用を含む。)等の使用を禁止とします。

(7) 試験中、質問があるときは、黙って手を挙げてください。ただし、試験問題の内容、漢字の読み方等に関する質問にはお答えできません。

(8) 試験終了時刻前に解答ができあがった場合は、黙って手を挙げて、係員の指示に従ってください。

(9) 試験中に手洗いに立ちたいときは、黙って手を挙げて、係員の指示に従ってください。

(10) 試験終了の合図があったら、筆記用具を置き、係員の指示に従ってください。

(11) 試験終了後、解答用紙を提出してください。

(12) 計算等は、問題用紙の余白又は裏面を使用して行ってください。

3 試験に使用できる用具等一覧

品　名	寸法又は規格	数量	備　考
スケール		1	三角スケール等
筆記用具		一式	
三角定規		一組	
電子式卓上計算機	電池式(太陽電池式含む。)	1	
テンプレート		1	○の書けるもの

4　問題及び課題図

別添の課題図(鉄筋コンクリート造1階平面図、断面図等)及び次の仕様に従って、型枠加工図(下ごしらえ図)に必要な寸法等、並びに④～⑤・Ⓐ～Ⓑ間に設けるスラブ下(はり下を含む。)のパイプサポートの位置及び型枠支保工の組立て図を、解答用紙の所定の欄にそれぞれ記入しなさい。

なお、別添の課題図及び解答用紙の縮尺については、書き込み寸法とし、およその縮尺とする。

仕　様

(1)　型枠加工図に必要な寸法等の記入

イ　型枠加工図に必要な寸法等は、1階平面図、断面図等から算出し、指定された欄内に記入すること。

なお、記入する欄と記入例は、次のとおりとする。

(　150　)　・・・・・・・・・・　寸法の記入欄と記入例

{　1C4A　}　・・・・・・・・・・　柱の記号の記入欄と記入例

[　南 面　]又は[　南　]　・・・・・・・・・・　柱型の符号の記入欄と記入例

ロ　型枠加工図は、内部から見た図面とすること。

ハ　記入寸法は、mm単位とすること。

ニ　型枠合板の厚さは、全て12mmとすること。

ホ　桟(さん)木の大きさは、全て25mm×50mmとすること。

ヘ　はり側と壁のせき板と柱せき板との取合いは、解答用紙の柱断面図に示すとおりとすること。

なお、はり及びたれ壁(さがり壁)の底板は、柱のコンクリート面まで延ばすこと。

ト　スラブせき板は、柱せき板の上に乗るようにすること。

チ　小ばり側のせき板及び階段蹴込み板は、コンクリート面まで延ばすこと。

(2)　④～⑤・Ⓐ～Ⓑ間に設けるスラブ下(はり下を含む。)のパイプサポートの位置の記入及び型枠支保工の組立て図の作成

パイプサポートの位置及び型枠支保工の組立て図は、縮尺を1／50として作図すること。

なお、「ハ 型枠及び型枠支保工の材料表」に示す材料のうち、数量が明示されているものについては、全て使用すること。

イ　パイプサポートの位置(平面図に示すこと。ただし、大引きは表示する必要はない。)

(イ)　パイプサポートの位置は、補助サポートを使用するものの位置を◎印、使用しないものの位置を○印で表すこと。

(ロ)　はり下のパイプサポートとスラブ下のパイプサポートの位置は、一直線上に並ぶようにすること。

(ハ)　壁の付かない大ばりのパイプサポートは二列に、壁の付く大ばり、小ばりは一列に配置すること。

(ニ)　大ばりと小ばりの交点には、パイプサポートを入れること。

ロ　型枠支保工の組立て図(断面図に示すこと。)

(イ)　型枠支保工の組立て図には、根太、大引き、支柱(パイプサポート)、水平つなぎ及び水平方向の荷重による倒壊を防止するための部材(チェーン等)の配置を示すこととし、スラブ、はり底の合板、支柱脚部の滑動防止措置(根がらみ等)、水平つなぎ固定金物及び水平つなぎの変位防止材(筋かい等)を表示する必要はないものとする。

なお、根がらみは、水平つなぎとみなさないものとする。

(ロ)　図面の仕上がりは、解答用紙に描いてある大ばり下の型枠支保工を参考とすること。

(ハ)　寸法、部材名等は、記入しなくてもよい。

ハ　型枠及び型枠支保工の材料表

型枠及び型枠支保工の材料は、次表のとおりである。

品　　名	寸法又は規格	数量	備　　考
パイプサポート	標準型(最大働き寸法 3450mm)	77 本	支柱用
	補助サポート(1200mm)	66 本	
木製ばた角	90mm×90mm×4000mm	8 本	大引き用
	90mm×90mm×(500mm～700mm)	必要量	はり下受け材料 (とんぼばた用)
単管	φ48.6mm×(2500mm～4000mm)	必要量	根太用、根がらみ用 及び水平つなぎ用
合板	900mm×1800mm×12mm	必要量	せき板用
チェーン、ターンバックル又は単管		必要量	水平変位を防止するための部材用
緊結金物		必要量	

課題図は本書巻末に掲載しています。

型枠施工

学科試験問題

令和2年度 技能検定
2級 型枠施工 学科試験問題
(型枠工事作業)

1. 試験時間　1時間40分
2. 問題数　　50題(A群25題、B群25題)
3. 注意事項

（1） 係員の指示があるまで、この表紙はあけないでください。

（2） 答案用紙(真偽法と多肢択一法の併用)に検定職種名、作業名、級別、受検番号、氏名を必ず記入してください。

（3） 係員の指示に従って、問題数を確かめてください。それらに異常がある場合は、黙って手を挙げてください。問題はA群(真偽法)とB群(多肢択一法)とに分かれています。

（4） 試験開始の合図で始めてください。

（5） 解答の方法(真偽法と多肢択一法の併用)は次のとおりです。

イ. A群の問題(真偽法)は、一つ一つの問題の内容が正しいか、誤っているかを判断して解答してください。

ロ. B群の問題(多肢択一法)は、正解と思うものを一つだけ選んで、解答してください。二つ以上に解答した場合は誤答となります。

ハ. 答案用紙(マークシート用紙)へ解答する際は、答案用紙に記載されている注意事項に従ってください。

ニ. 答案用紙の解答欄は、A群の問題とB群の問題とでは異なります。所定の解答欄に、試験問題の題数に応じて解答してください。解答欄はA群は50題まで、B群は25題まで解答できるようになっています。

（6） 電子式卓上計算機その他これと同等の機能を有するものは、使用してはいけません。

（7） 携帯電話、スマートフォン、ウェアラブル端末等は、使用してはいけません。

（8） 試験中、質問があるときは、黙って手を挙げてください。ただし、試験問題の内容、漢字の読み方等に関する質問にはお答えできません。

（9） 試験終了時刻前に解答ができあがった場合は、黙って手を挙げて、係員の指示に従ってください。

（10） 試験中に手洗いに立ちたいときは、黙って手を挙げて、係員の指示に従ってください。

（11） 試験終了の合図があったら、筆記用具を置き、係員の指示に従ってください。

［A群（真偽法）］

1 下図のAとBにおいて、玉掛け用ワイヤロープにかかる張力は、Aの方が小さい。

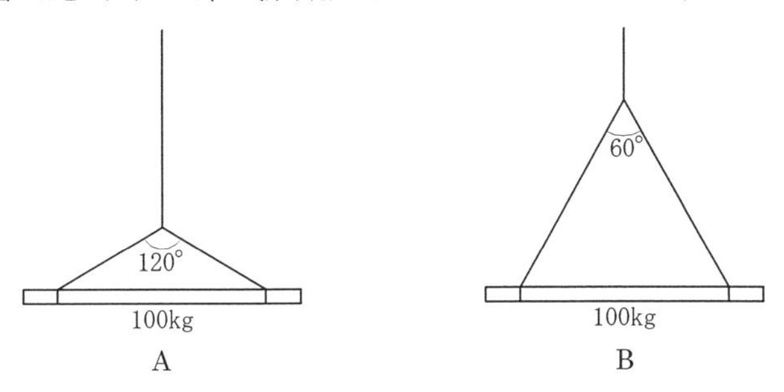

2 パイプサポートの支持ピンは、直径が11mm以上であれば、ピンの材質に関する規定はない。

3 下図のようにスラブ型枠にフラットデッキプレートを使用する場合、端部(つぶし部)は、型枠パネルに30mm乗せるようにすればよい。

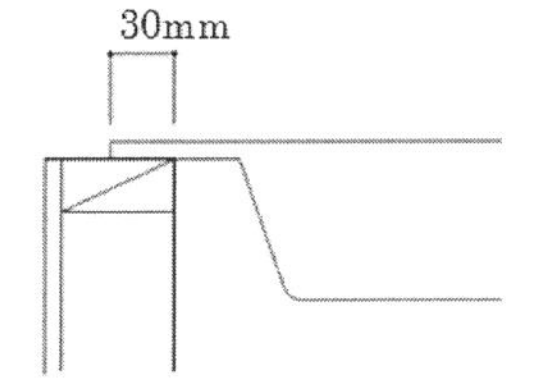

4 厚さ12mmの型枠用合板を使って下ごしらえするときは、一般に、長さ45mmのくぎを使用するとよい。

5 型枠には、清掃用の掃除口を設ける。

6 型枠支保工の上下階の支柱は、平面上の同一の位置に立てる方がよい。

7 夏期にコンクリートを型枠に打設する場合は、せき板を早めに取り外し、コンクリートの水分を蒸発させるとよい。

8 公共建築工事標準仕様書によれば、支柱の最小存置期間は、セメントの種類や存置期間中の平均気温には影響されない。

9 型枠の管理・検査は、コンクリートの打込み中に行う必要はない。

［Ａ群（真偽法）］

10　高所作業車を用いて作業を行うときは、乗車席及び作業床以外の箇所に作業者を乗せてもよい。

11　建築工事標準仕様書(JASS)によれば、コンクリートの打込みにおいて、コンクリートの練混ぜから打込み終了までの時間の限度は、原則として、外気温が25℃未満のときは90分、25℃以上のときは60分とするとされている。

12　建築工事標準仕様書(JASS)によれば、あばら筋及び帯筋の末端部には、フックを付けないとされている。

13　日本農林規格(JAS)によれば、コンクリート型枠用合板は、対角線の長さの差が 4mm 以下であることとされている。

14　日本農林規格(JAS)によれば、構造用合板の幅及び長さにおける表示寸法との差は、＋3mm、－0mm とされている。

15　なまし鉄線は、番手の数値が大きくなるほど細くなる。

16　建築工事標準仕様書(JASS)によれば、軽量コンクリートの気乾単位容積質量は、一般に、2.3t／m^3以下とされている。

17　日本産業規格(JIS)によれば、異形棒鋼を表す種類の記号は、SR である。

18　布基礎とは、一連の柱又は壁の下に設ける帯状に連続した基礎をいう。

19　鉄筋コンクリート造において、鉄筋は、コンクリートのアルカリ性が失われると錆(さび)やすくなる。

20　枠組壁構法は、木造建築の構法の一つである。

21　スラブ型枠支保工において、根太パイプの間隔を大きくすると、せき板のたわみ量は小さくなる。

22　日本産業規格(JIS)の建築製図通則によれば、基準線は、通常、点線で表現する。

23　一般に、赤松と杉の材料強度は同じである。

［A群（真偽法）］

24 労働安全衛生法関係法令によれば、架設通路の勾配が 15 度を超えるものには、踏桟その他の滑止めを設けることとされている。

25 労働安全衛生法関係法令によれば、高所作業車による作業において、最大積載荷重以下のものであれば、ブームでつり下げてもよいこととされている。

［B群（多肢択一法）］

1 次のうち、墨出し用器工具でないものはどれか。
　イ　トランシット
　ロ　墨つぼ
　ハ　下げ振り
　ニ　ハッカー

2 次のうち、天井、床、梁などの高さを求めるための基準となる墨はどれか。
　イ　心墨
　ロ　つけ代墨
　ハ　ちり墨
　ニ　陸墨

3 型枠に使用する単管（φ48.6、厚さ2.3mm）の1m当たりの重さとして、適切なものはどれか。
　イ　約0.7 kg
　ロ　約1.7 kg
　ハ　約2.6 kg
　ニ　約3.7 kg

4 型枠の必要条件として、適切でないものはどれか。
　イ　コンクリートの側圧に対して、変形が生じないこと。
　ロ　転用率が低いこと。
　ハ　使用部品が少なく、解体が容易なこと。
　ニ　コンクリートを打ち込みやすいこと。

5 型枠の下ごしらえに関する記述として、適切でないものはどれか。
　イ　下ごしらえをしたせき板は、加工図に従って符号を記入する。
　ロ　内壁用大パネルの高さ寸法は、躯体内法（のり）高さ寸法で作製するとよい。
　ハ　柱型枠の下ごしらえでは、陸墨の位置を示しておくとよい。
　ニ　柱型枠の下ごしらえ図は、作成前に大面と小面を決める。

6 次のうち、下図のセパレータの使用長さと同じものはどれか。
　イ　C300
　ロ　C325
　ハ　C350
　ニ　C375

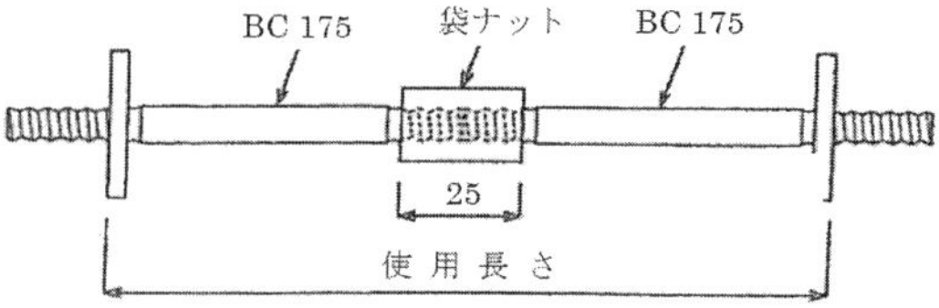

BC 175　袋ナット　BC 175

25

使用長さ

［B群（多肢択一法）］

7　型枠の組立てに関する記述として、適切でないものはどれか。

イ　型枠は寸法を正確、かつ、水平・垂直に、引通し良く建て入れる。

ロ　せき板は、コンクリートに食い込まないように組み立てる。

ハ　型枠の締結は、締付け金物による締付けを主体とする。

ニ　型枠は、足場や遣方等の仮設物に連結する。

8　文中の(　　)内に当てはまる数値として、正しいものはどれか。

建築工事標準仕様書(JASS)によれば、柱及び壁のせき板の存置期間は、原則として、計画供用期間の級が短期及び標準の場合、構造体コンクリートの圧縮強度が(　　)N／mm²以上に達したことが確認されるまでとするとされている。

イ　2

ロ　5

ハ　8

ニ　10

9　プラスチック製型枠に関する一般的な特徴として、適切でないものはどれか。

イ　硬化時に変形することはない。

ロ　仕上がり面がきれいである。

ハ　火に弱い。

ニ　剥(はく)離が容易である。

10　次のうち、キャタピラが付いていて、揚重作業ができるものはどれか。

イ　ジブクレーン

ロ　ホイールクレーン

ハ　トラッククレーン

ニ　クローラークレーン

11　次の玉掛け用補助具とその用途の組合せとして、適切でないものはどれか。

	補助具	用途
イ	シャックル・・・・・	荷くずれを防ぐ。
ロ	当物・・・・・・・・・	つり荷の角で、玉掛け用ワイヤロープが傷むのを養生する。
ハ	枕材・・・・・・・・・	荷の下に置いて、玉掛けしやすいようにする。
ニ	かいしゃくロープ・・	荷の振れや回転を防ぐ。

12　コンクリート工事において、前後の打込みに相当の時間差があった場合に生じる欠陥はどれか。

イ　沈みひび割れ

ロ　豆板

ハ　ブリージング

ニ　コールドジョイント

［B群（多肢択一法）］

13　スラブ配筋において、主筋の位置を正しく保ち、主筋に外力を均等に伝達させる役割をする鉄筋はどれか。

　イ　補助筋
　ロ　配力筋
　ハ　用心鉄筋
　ニ　補強筋

14　合板せき板の一般的な特徴として、適切なものはどれか。

　イ　杉板パネルよりも剛性が低い。
　ロ　伸縮率が低い。
　ハ　転用度が低い。
　ニ　保温性が低い。

15　門型の建枠に布板を組み合わせ、筋かいで補強したユニットを積み上げて構成する足場はどれか。

　イ　単管足場
　ロ　脚立足場
　ハ　つり枠足場
　ニ　枠組足場

16　公共建築工事標準仕様書によれば、粗骨材の最大寸法20mmを使用するコンクリートにおいて、下図のようなD25における鉄筋相互のあき寸法の最小値(mm)として、正しいものはどれか。ただし、図中のDは、鉄筋の最大外径を表すものとする。

　イ　20mm
　ロ　20mm×1.1倍
　ハ　25mm
　ニ　25mm×1.5倍

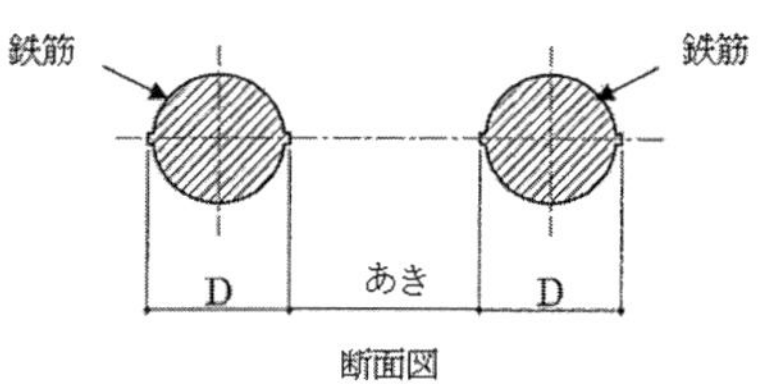

断面図

17　下図の鉄筋コンクリート造の梁断面図における鉄筋の名称として、適切でないものはどれか。

　イ　主筋
　ロ　あばら筋
　ハ　帯筋
　ニ　幅止め筋

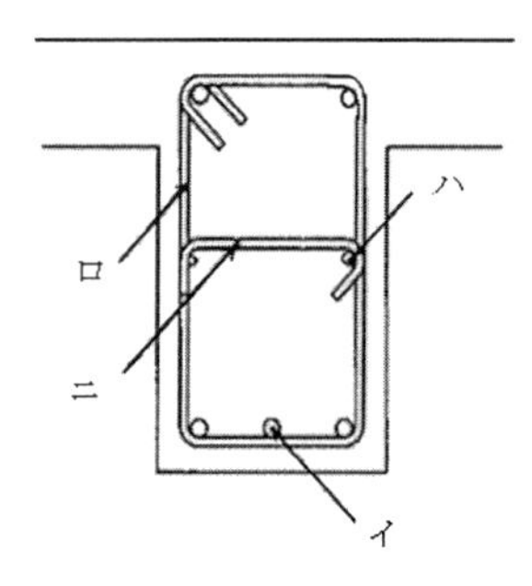

［B群（多肢択一法）］

18　次の屋根形状の名称はどれか。

イ　切妻
ロ　片流れ
ハ　寄棟
ニ　方形

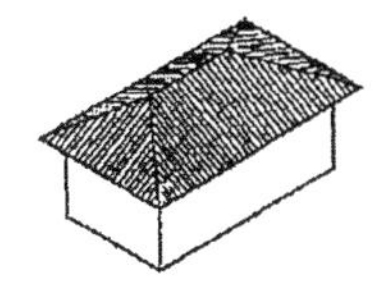

19　日本産業規格(JIS)によれば、次の断面形状略図で表す形鋼の種類(名称)はどれか。

イ　山形鋼
ロ　T形鋼
ハ　CT形鋼
ニ　溝形鋼

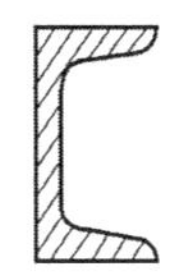

20　次に示す荷(50kgf)とつり合う力Pとして、適切なものはどれか。

イ　490N
ロ　343N
ハ　245N
ニ　147N

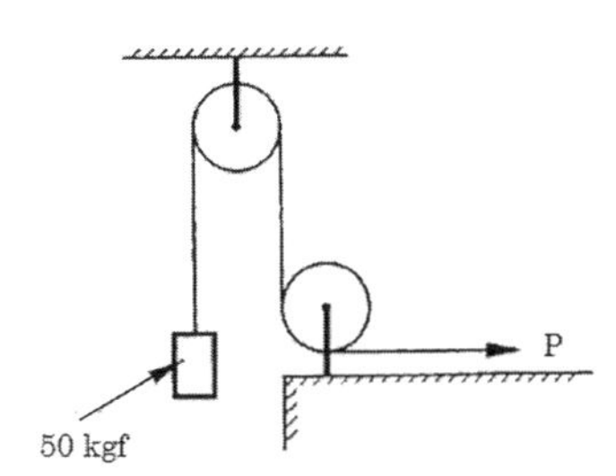

21　日本産業規格(JIS)の建築製図通則によれば、次の材料構造表示記号が表すものはどれか。

イ　鉄骨
ロ　コンクリート
ハ　軽量壁一般
ニ　軽量ブロック壁

22　日本産業規格(JIS)の建築製図通則によれば、次の平面表示記号が表すものはどれか。

イ　出入口一般
ロ　回転窓
ハ　引違い戸
ニ　両開きとびら

23　建築基準法関係法令において、主要構造部に含まれないものはどれか。

イ　屋根
ロ　ひさし
ハ　壁
ニ　階段

［Ｂ群（多肢択一法）］

24 文中の(　　)内に当てはまる数値として、正しいものはどれか。

労働安全衛生法関係法令によれば、架設通路において、墜落の危険のある箇所に設ける手すりの高さは、(　　)cm以上とするとされている。

イ　65

ロ　75

ハ　85

ニ　95

25 文中の(　　)内に当てはまる数値として、正しいものはどれか。

労働安全衛生法関係法令によれば、足場(一側足場、つり足場を除く。)における高さ2m以上の作業場所に設ける作業床は、幅を(　　)cm以上、床材間の隙間を3cm以下とすることとされている。

イ　20

ロ　30

ハ　40

ニ　50

令和元年度 技能検定
2級 型枠施工 学科試験問題
(型枠工事作業)

1. 試験時間　1時間40分
2. 問題数　50題(A群25題、B群25題)
3. 注意事項

（1） 係員の指示があるまで、この表紙はあけないでください。

（2） 答案用紙(真偽法と多肢択一法の併用)に検定職種名、作業名、級別、受検番号、氏名を必ず記入してください。

（3） 係員の指示に従って、問題数を確かめてください。それらに異常がある場合は、黙って手を挙げてください。問題はA群(真偽法)とB群(多肢択一法)とに分かれています。

（4） 試験開始の合図で始めてください。

（5） 解答の方法(真偽法と多肢択一法の併用)は次のとおりです。

イ. A群の問題(真偽法)は、一つ一つの問題の内容が正しいか、誤っているかを判断して解答してください。

ロ. B群の問題(多肢択一法)は、正解と思うものを一つだけ選んで、解答してください。二つ以上に解答した場合は誤答となります。

ハ. 答案用紙(マークシート用紙)へ解答する際は、答案用紙に記載されている注意事項に従ってください。

ニ. 答案用紙の解答欄は、A群の問題とB群の問題とでは異なります。所定の解答欄に、試験問題の題数に応じて解答してください。解答欄はA群は50題まで、B群は25題まで解答できるようになっています。

（6） 電子式卓上計算機その他これと同等の機能を有するものは、使用してはいけません。

（7） 携帯電話等は、使用してはいけません。

（8） 試験中、質問があるときは、黙って手を挙げてください。ただし、試験問題の内容、漢字の読み方等に関する質問にはお答えできません。

（9） 試験終了時刻前に解答ができあがった場合は、黙って手を挙げて、係員の指示に従ってください。

（10） 試験中に手洗いに立ちたいときは、黙って手を挙げて、係員の指示に従ってください。

（11） 試験終了の合図があったら、筆記用具を置き、係員の指示に従ってください。

[A群(真偽法)]

1　さしがねを下図のように使うとき、イからロまでの値は、裏目の10になる。

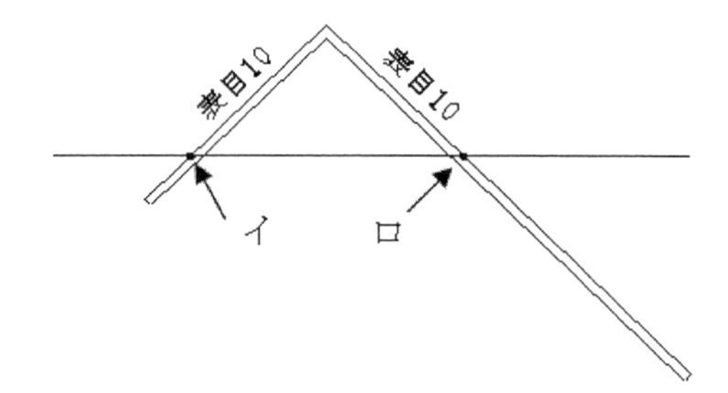

2　型わく支保工用のパイプサポート等の規格によれば、パイプサポートは、腰管部を固定して最大使用長の長さに伸ばした場合における受け板の上端部の中心の全振幅の最大値が、最大使用長の55分の1以下の値となるものでなければならない。

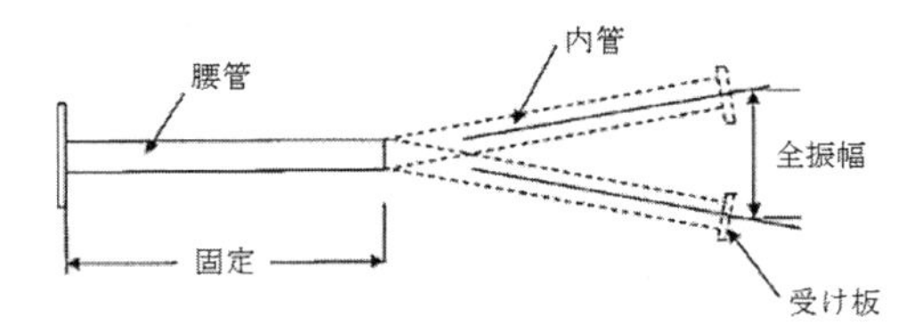

3　型枠支保工は、せき板を所定の位置に保持するためのものである。

4　型枠の下ごしらえにおいて、合板などの定尺物は、なるべく切断しないで使用できるように割り付ける方がよい。

5　型枠には、清掃用の掃除口を設ける。

6　型枠支保工の上下階の支柱は、平面上の同一位置に立てない方がよい。

7　夏期にコンクリートを型枠に打設する場合は、せき板を早めに取り外し、コンクリートの水分を蒸発させるとよい。

8　型枠における支柱の最小存置期間は、セメントの種類や存置期間中の平均気温に影響される。

9　型枠は、コンクリートの打設中も型枠のはらみ、倒れ、セメントペーストの漏れなどを点検・確認する必要がある。

10　高所作業車を用いて作業を行うときは、乗車席及び作業床以外の箇所に作業者を乗せてもよい。

[A群(真偽法)]

11　建築工事標準仕様書(JASS)によれば、柱及び梁(基礎梁を除く。)の出隅部の鉄筋の末端部には、フックを付ける。

12　建築工事標準仕様書(JASS)によれば、コンクリートの運搬におけるコンクリートの練混ぜから打込み終了までの時間の限度は、原則として、外気温が25℃未満のときは120分、25℃以上のときは90分とする。

13　日本農林規格(JAS)において、構造用合板の幅及び長さと表示寸法との差は、プラス側の差が認められていない。

14　日本農林規格(JAS)によれば、コンクリート型枠用合板の構成単板の数は、3である。

15　コンクリートは、スランプを小さくすると、流動性の悪い硬練りのコンクリートになる。

16　なまし鉄線は、番手が小さいほど細くなる。

17　日本工業規格(JIS)によれば、異形棒鋼を表す記号は、SDである。

18　鉄筋コンクリート造では、主として、鉄筋が引張り力を負担し、コンクリートが圧縮力を負担している。

19　独立基礎は、建物の底面のほぼ全体を一つのスラブで支える基礎のことである。

20　枠組壁構法は、木造建築の構法の一つである。

21　下図のような片持梁の曲げモーメントは、A点よりもB点の方が大きい。

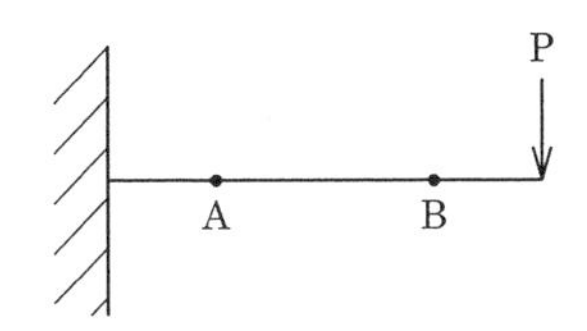

22　日本工業規格(JIS)の建築製図通則によれば、次は、普通ブロック壁を表す材料構造表示記号である。

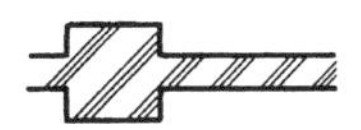

23　建築基準法関係法令によれば、階段は、主要構造部には含まれない。

[A群(真偽法)]

24　労働安全衛生法関係法令によれば、架設通路の勾配が15度を超えるものには、踏桟その他の滑止めを設ける。

25　労働安全衛生法関係法令によれば、作業床の高さが10mの所で高所作業車を運転(道路上を走行させる運転を除く。)することができる要件は、特別教育である。

［Ｂ群(多肢択一法)］

1　次の三辺の比で、直角三角形となるものはどれか。
　イ　1：2：3
　ロ　2：3：4
　ハ　3：4：5
　ニ　4：5：6

2　逃げ墨より仕上げの基点を換算して打つ墨はどれか。
　イ　心墨
　ロ　つけ代墨
　ハ　ちり墨
　ニ　陸墨

3　使用寸法が2.1～3.4mの鋼製パイプサポート1本の質量として、適切なものはどれか。
　イ　約 8kg
　ロ　約10kg
　ハ　約14kg
　ニ　約18kg

4　次の型枠に使用される部材とその用途の組合せとして、適切でないものはどれか。

	部材		用途
イ	根太材	・・・・	型枠の底せき板を支持する。
ロ	大引き材	・・・	根太材を直接受ける。
ハ	控え材	・・・・	支柱と支柱の間を連繋(けい)する。
ニ	クランプ	・・・	水平つなぎ材や斜材を支柱に固定する。

5　型枠の下ごしらえに関する記述として、適切でないものはどれか。
　イ　柱型枠の下ごしらえ図には、水墨の位置を示しておく。
　ロ　下ごしらえしたせき板には、加工図に従って番付符号を記入する。
　ハ　内壁用大パネルは、躯(く)体の内法(のり)高さに作成するとよい。
　ニ　柱型枠の下ごしらえ図は、大面と小面を決めて型枠の向きを統一する。

6　セパレータを下図のようにセットした場合の使用長さとして、正しいものはどれか。
　イ　C350
　ロ　C375
　ハ　C400
　ニ　C425

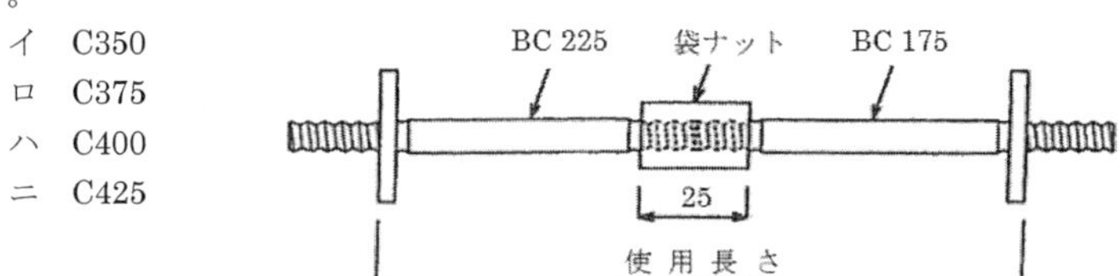

[B群(多肢択一法)]

7　コンクリートの側圧に影響しないものはどれか。

イ　コンクリートの打込み速度

ロ　コンクリートの打込み方法

ハ　鉄骨や鉄筋の密度

ニ　せき板の厚さ

8　文中の(　　)内に当てはまる数値として、正しいものはどれか。

建築工事標準仕様書(JASS)によれば、梁下の支保工の存置期間は、構造体コンクリートの圧縮強度がその部材の設計基準強度の(　　)%に達したことが確認されるまでとする。

イ　50

ロ　75

ハ　85

ニ　100

9　ボイド柱型枠に関する記述として、適切でないものはどれか。

イ　現場での加工作業がない。

ロ　軽量であり、セットが簡単である。

ハ　転用に適している。

ニ　剥離が困難である。

10　キャタピラが付いていて、揚重作業ができるものはどれか。

イ　ジブクレーン

ロ　ホイールクレーン

ハ　トラッククレーン

ニ　クローラークレーン

11　高所作業車での作業に関する記述として、適切でないものはどれか。

イ　作業を行うときは、当該作業の指揮者を定める。

ロ　作業を行うときは、転倒等を防止するためにアウトリガーを張り出す。

ハ　作業床上の労働者と作業床以外の箇所で作業床を操作する者は、連絡のための合図を定めておく。

ニ　作業を行っていない場合、運転者が運転位置から離れるときは、原動機を止めれば、ブレーキをかけなくてもよい。

12　コンクリート工事において、前後の打込みに相当の時間差があった場合に生じる欠陥はどれか。

イ　沈みひび割れ

ロ　豆板

ハ　ブリージング

ニ　コールドジョイント

［B群(多肢択一法)］

13　柱や梁主筋の継手として、最も多く用いられている継手方法はどれか。
　イ　アーク溶接
　ロ　重ね継手
　ハ　カラー圧着
　ニ　ガス圧接

14　水平型枠の支保工に使用されないものはどれか。
　イ　パイプサポート
　ロ　枠組支柱式支保工
　ハ　大引き、根太、桟木
　ニ　コラムクランプ

15　次の材料とその材料試験の組合せとして、適切でないものはどれか。

	材料		材料試験
イ	骨材	・・・・・・	ふるい分け試験
ロ	鉄筋	・・・・・・	引張試験
ハ	セメント	・・・・	スランプ試験
ニ	コンクリート	・・	圧縮強度試験

16　建地を挟んで両側に布を取り付けた足場はどれか。
　イ　抱き足場
　ロ　脚立足場
　ハ　つり枠足場
　ニ　枠組足場

17　鉄骨造に関する記述として、適切でないものはどれか。
　イ　鉄筋コンクリート造よりも軽い構造である。
　ロ　耐火被覆をしなくても、耐火性に優れている。
　ハ　建物の骨組み部分に鋼材を使用した構造である。
　ニ　鉄筋コンクリート造よりも、大スパンの構造物を造ることができる。

18　次のうち、寄棟屋根はどれか。

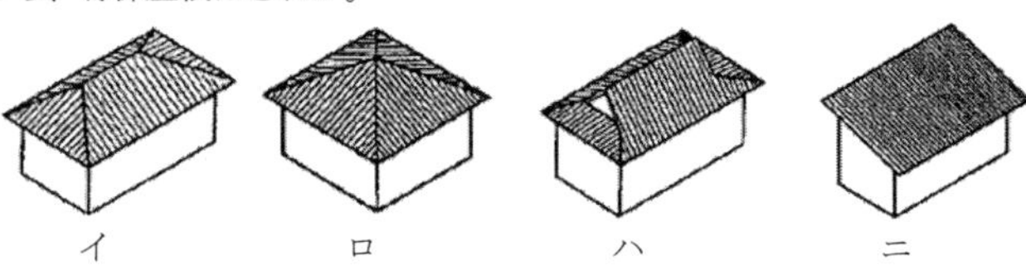

[B群(多肢択一法)]

19　日本工業規格(JIS)によれば、次の断面形状略図で示した形鋼の種類(名称)はどれか。

イ　山形鋼

ロ　T形鋼

ハ　CT形鋼

ニ　溝形鋼

20　下図に示す部材Bの曲げ強度は、部材Aの曲げ強度の何倍となるか。

イ　2倍

ロ　4倍

ハ　6倍

ニ　8倍

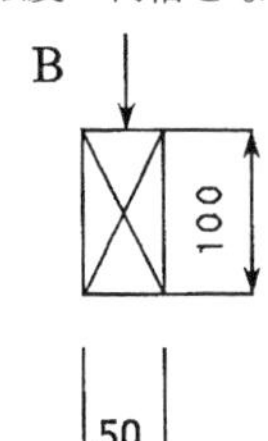

21　日本工業規格(JIS)の建築製図通則によれば、次の材料構造表示記号が表すものはどれか。

イ　割栗

ロ　タイル又はテラコッタ

ハ　左官仕上

ニ　石材又はぎ石

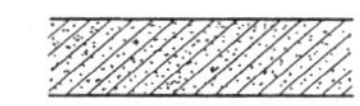

22　日本工業規格(JIS)の建築製図通則によれば、次の平面表示記号が表すものはどれか。

イ　出入口一般

ロ　回転窓

ハ　引違い戸

ニ　両開きとびら

23　文中の(　　)内に当てはまる数値として、正しいものはどれか。

建築基準法関係法令によれば、鉄筋に対するコンクリートのかぶり厚さは、耐力壁にあっては(　　)cm以上としなければならない。

イ　2

ロ　3

ハ　4

ニ　6

[B群(多肢択一法)]

24 文中の(　　)内に当てはまる数値として、正しいものはどれか。

労働安全衛生法関係法令によれば、事業者は、(　　)m以上の高所から物体を投下するときは、適当な投下設備を設け、監視人を置く等労働者の危険を防止するための措置を講じなければならない。

イ　2
ロ　3
ハ　4
ニ　5

25 労働安全衛生法関係法令における型枠支保工についての措置等に関する記述として、適切でないものはどれか。

イ　支柱の沈下防止のため、型枠用合板を敷いた。
ロ　支柱の脚部の滑動防止のため、根がらみを取り付けた。
ハ　支柱の継手を差込み継手とした。
ニ　鋼材と鋼材との接続部をクランプを用いて緊結した。

平成30年度 技能検定
2級 型枠施工 学科試験問題
(型枠工事作業)

1. 試験時間　1時間40分
2. 問題数　50題(A群25題、B群25題)
3. 注意事項
   (1) 係員の指示があるまで、この表紙はあけないでください。
   (2) 答案用紙(真偽法と多肢択一法の併用)に検定職種名、作業名、級別、受検番号、氏名を必ず記入してください。
   (3) 係員の指示に従って、問題数を確かめてください。それらに異常がある場合は、黙って手を挙げてください。問題はA群(真偽法)とB群(多肢択一法)とに分かれています。
   (4) 試験開始の合図で始めてください。
   (5) 解答の方法(真偽法と多肢択一法の併用)は次のとおりです。
      イ. A群の問題(真偽法)は、一つ一つの問題の内容が正しいか、誤っているかを判断して解答してください。
      ロ. B群の問題(多肢択一法)は、正解と思うものを一つだけ選んで、解答してください。二つ以上に解答した場合は誤答となります。
      ハ. 答案用紙(マークシート用紙)へ解答する際は、答案用紙に記載されている注意事項に従ってください。
      ニ. 答案用紙の解答欄は、A群の問題とB群の問題とでは異なります。所定の解答欄に、試験問題の題数に応じて解答してください。解答欄はA群は50題まで、B群は25題まで解答できるようになっています。
   (6) 電子式卓上計算機その他これと同等の機能を有するものは、使用してはいけません。
   (7) 携帯電話等は、使用してはいけません。
   (8) 試験中、質問があるときは、黙って手を挙げてください。ただし、試験問題の内容、漢字の読み方等に関する質問にはお答えできません。
   (9) 試験終了時刻前に解答ができあがった場合は、黙って手を挙げて、係員の指示に従ってください。
   (10) 試験中に手洗いに立ちたいときは、黙って手を挙げて、係員の指示に従ってください。
   (11) 試験終了の合図があったら、筆記用具を置き、係員の指示に従ってください。

［A群(真偽法)］

1　さしがねを下図のように使うとき、イからロの値は、裏目の20になる。

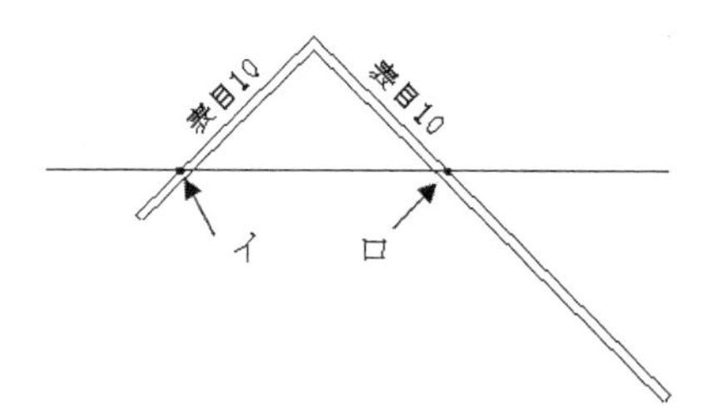

2　スラブ型枠にフラットデッキプレートを使用する場合は、一般に、下図のように端部(つぶし部分)をコンクリートに10mm程度入れるように施工する。

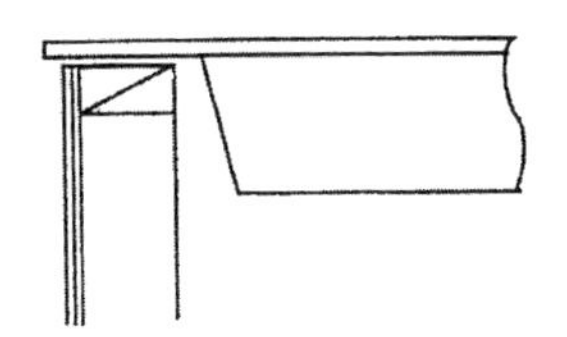

3　デッキプレートのフラットタイプは、キーストンプレートよりも使用するコンクリートの量を少なくできる。

4　化粧打放しの下ごしらえにおいて、レベルの位置を示すときの墨は、黒墨よりも白墨とする方がよい。

5　打放しコンクリートの型枠材において、桟木のせいは、そろえる必要はない。

6　型枠支保工の上下階の支柱は、平面上の同一位置に立てる方がよい。

7　建築工事標準仕様書(JASS)によれば、現場打コンクリートの型枠及び支柱の取り外しにおいて、原則として、大梁の支柱の盛替えは行わないことと規定されている。

8　公共建築工事標準仕様書によれば、柱の最小存置期間は、セメントの種類や存置期間中の平均気温には影響されない。

9　型枠の管理及び検査は、型枠にコンクリートを打ち込めば、型枠取外し時には行う必要はない。

10　高所作業車を使用して作業を行うときは、アウトリガーを張り出して行う方がよい。

11　鉄筋には、コンクリートを打設する前に、防錆(せい)塗料を塗る方がよい。

[A群(真偽法)]

12 建築工事標準仕様書(JASS)によれば、コンクリートの打込みにおいて、コンクリートの練混ぜから打込み終了までの時間の限度は、外気温が25℃未満のときは90分、25℃以上のときは60分とすると規定されている。

13 セパレータの種類は、B型とC型の2種類である。

14 日本農林規格(JAS)によれば、コンクリート型枠用合板は、対角線の長さの差が4mm以下であることと規定されている。

15 コンクリートは、スランプを大きくすると、流動性の低い硬練りのコンクリートになる。

16 日本工業規格(JIS)によれば、コンクリート用砕石及び砕砂の絶乾密度(g/cm^3)は、2.5以上と規定されている。

17 日本工業規格(JIS)によれば、鉄筋コンクリート用再生棒鋼の種類には、再生丸鋼及び再生異形棒鋼がある。

18 鉄筋コンクリート造において、鉄筋は、コンクリートのアルカリ性が失われると錆(さび)やすくなる。

19 べた基礎とは、柱1本当たりのフーチング1基を設ける基礎のことである。

20 木造建築物に筋かいを入れる目的の一つは、風圧力や地震力に耐えるためである。

21 下図のような片持梁の曲げモーメントは、A点の方がB点よりも大きい。

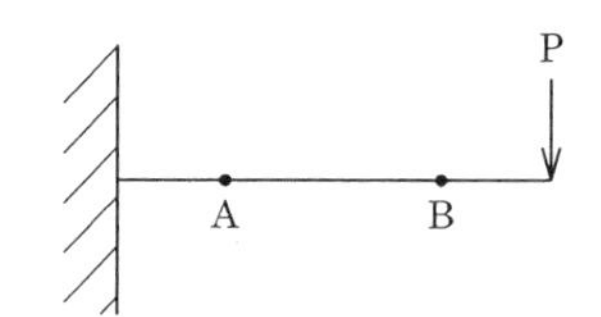

22 日本工業規格(JIS)の建築製図通則によれば、下図は、出入口一般を表す平面表示記号である。

23 建築基準法関係法令によれば、赤松と杉の材料強度は同じである。

24 高所作業車による作業において、最大積載荷重以下のものであれば、ブームでつり下げてもよい。

[A群(真偽法)]

25　作業台付き丸鋸(のこ)で合板を切断するときは、軍手等の手袋を使用しなければならない。

[B群(多肢択一法)]

1 墨出し用器工具でないものはどれか。

イ トランシット

ロ 墨つぼ

ハ 下げ振り

ニ ハッカー

2 逃げ墨より仕上げの基点を換算して打つ墨はどれか。

イ 心墨

ロ つけ代墨

ハ ちり墨

ニ 陸墨

3 型枠に使用する単管(φ48.6、厚さ2.3mm)の1m当たりの重さとして、適切なものはどれか。

イ 約0.7 kg

ロ 約1.7 kg

ハ 約2.6 kg

ニ 約3.7 kg

4 型枠の下ごしらえに関する記述として、適切でないものはどれか。

イ 下ごしらえをしたせき板は、加工図に従って符号を記入する。

ロ 内壁用大パネルは、躯(く)体内法(のり)高さに作製するとよい。

ハ 柱型枠の下ごしらえでは、陸墨の位置を示しておくとよい。

ニ 柱型枠の下ごしらえ図は、作成前に大面及び小面を決める。

5 下図のセパレータの使用長さと同じものはどれか。

イ C300

ロ C325

ハ C350

ニ C375

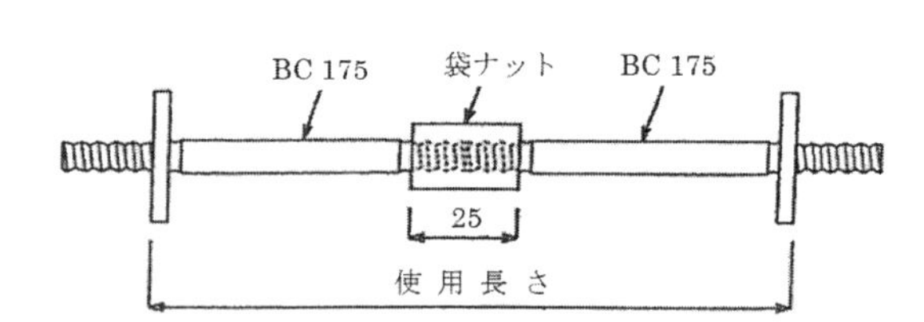

[Ｂ群(多肢択一法)]

6　文中の(　　)内に当てはまる数値として、正しいものはどれか。

労働安全衛生法関係法令によれば、型枠支保工において、パイプサポートを支柱として用いるものにあって、高さが(　　)mを超えるときは、高さ2m以内ごとに水平つなぎを二方向に設け、かつ、水平つなぎの変位を防止することと規定されている。

イ　3.5
ロ　3.8
ハ　4.0
ニ　4.2

7　コンクリートの側圧に影響を及ぼさないものはどれか。

イ　コンクリートの打込み時の温度
ロ　コンクリート配合比・比重
ハ　躯(く)体寸法の大小・高低
ニ　鉄筋の強度

8　型枠及び型枠支保工の解体時期及び方法に関する記述として、適切でないものはどれか。

イ　スラブ下の支柱は、コンクリートの設計基準強度の65％になれば、取り外してもよい。
ロ　コンクリート打設後、必要とする養生期間を過ぎてから型枠を解体する。
ハ　柱及び壁のせき板の解体は、一般に、コンクリート圧縮強度5N／mm²以上であればよい。
ニ　片持梁、片持スラブは、解体時期が来ても、安全を見込んで期間を延長する場合がある。

9　プラスチック製型枠に関する一般的な記述として、適切でないものはどれか。

イ　硬化時に変形することはない。
ロ　仕上がり面がきれいである。
ハ　火に弱い。
ニ　剥(はく)離が容易である。

[B群(多肢択一法)]

10　下図の足場の略図中のイ～ニのうち、建枠はどれか。

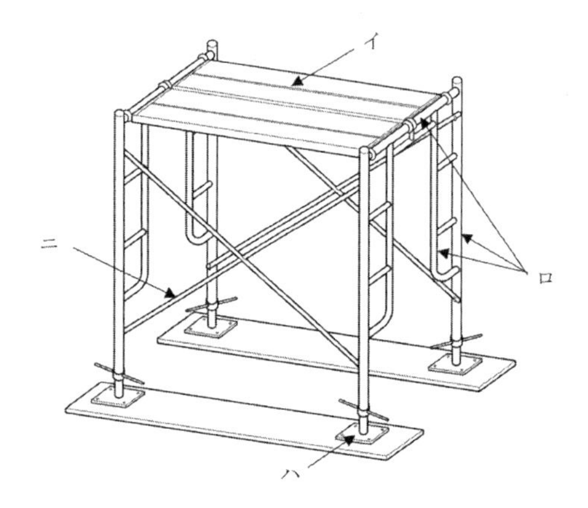

11　玉掛け用補助具と用途の組合せとして、適切でないものはどれか。

	補助具		用途
イ	シャックル	・・・	荷くずれを防ぐもの
ロ	当物	・・・・・・	つり荷の角で玉掛け用ワイヤロープが傷むのを養生するもの
ハ	枕材	・・・・・・	荷の下に置いて、玉掛けし易いようにするもの
ニ	かいしゃく綱	・・	荷の振れや荷の回転を防ぐもの

12　径の異なる鉄筋の継手長さに関する記述として、適切なものはどれか。

イ　平均径(足して2で割る。)を基準とする。
ロ　どちらの径を基準としてもよい。
ハ　太い方の鉄筋の径を基準とする。
ニ　細い方の鉄筋の径を基準とする。

13　壁配筋において、窓等の開口部に斜めひび割れ等の防止のために入れる鉄筋はどれか。

イ　補強筋
ロ　主筋
ハ　補助筋
ニ　用心鉄筋

14　合板せき板の一般的な特徴として、適切なものはどれか。

イ　杉板パネルよりも剛性が低い。
ロ　伸縮率が低い。
ハ　転用度が低い。
ニ　保温性が低い。

［B群(多肢択一法)］

15　木造建築に関する記述として、適切でないものはどれか。

イ　筋かいは、柱と間柱の間に設ける。

ロ　大壁造りは、柱が現れないように造った壁の構造をいう。

ハ　梁には、スパンの中央部付近の下側に耐力上支障のある欠き込みをしてはならない。

ニ　枠組壁構法は、木造構法である。

16　門型の建枠に布板を組合せ、筋かいで補強したユニットを積み上げて構成する足場はどれか。

イ　単管足場

ロ　脚立足場

ハ　つり枠足場

ニ　枠組足場

17　下図の鉄筋コンクリート造の梁の配筋において、主として、せん断力に抵抗するために設ける補強筋はどれか。

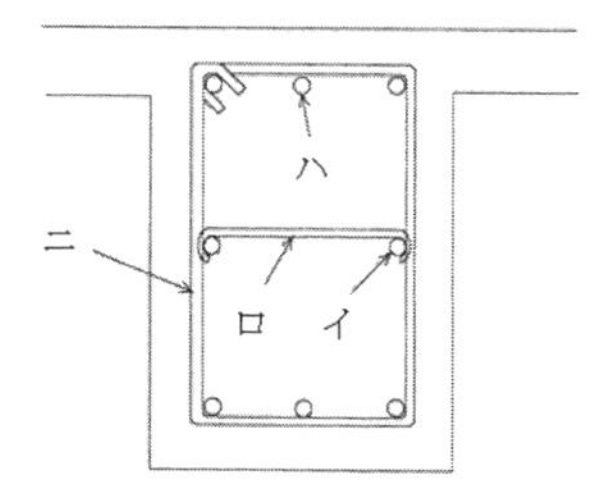

18　下図に示すH型鋼の一般的な表示法と各部位の寸法の組合せとして、適切なものはどれか。

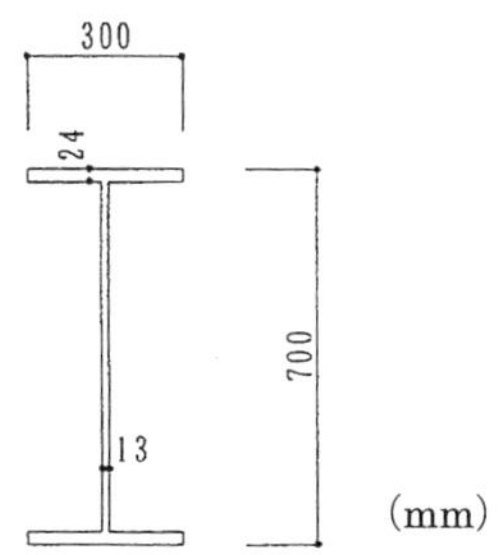

	表示法	フランジ厚さ	ウエブ厚さ
イ	H-700×300×13×24	13mm	24mm
ロ	H-700×300×13×24	24mm	13mm
ハ	H-300×700×24×13	24mm	13mm
ニ	H-300×700×24×13	13mm	24mm

[B群(多肢択一法)]

19 下図の屋根形状の名称として、適切なものはどれか。

イ 切妻

ロ いりもや

ハ 片流れ

ニ 方形

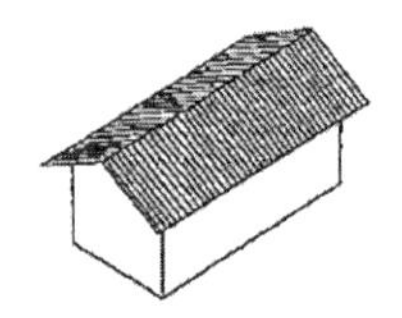

20 下図に示す荷(50kgf)とつり合う力Pとして、適切なものはどれか。

イ 490N

ロ 343N

ハ 245N

ニ 147N

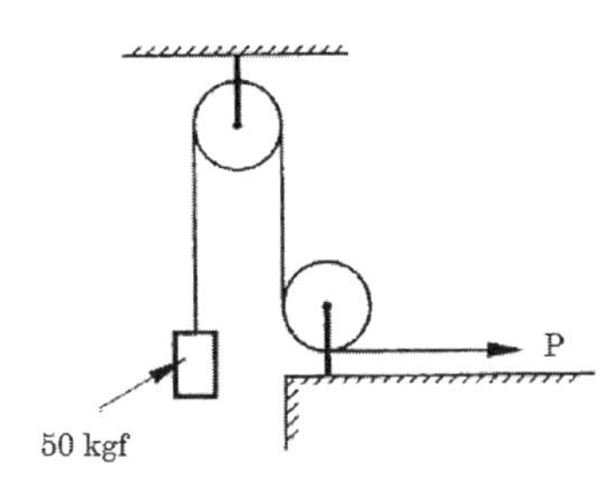

21 日本工業規格(JIS)によれば、中心線を表す際に用いるものはどれか。

イ 太い実線 (━━━━━)

ロ 細い破線 (--------)

ハ 細い一点鎖線 (―・―・―・―)

ニ 細い二点鎖線 (―・・―・・―・)

22 日本工業規格(JIS)によれば、下図の材料構造表示記号が表すものはどれか。

イ 鉄骨

ロ コンクリート

ハ 軽量壁一般

ニ 軽量ブロック壁

23 建築基準法関係法令によれば、主要構造部に含まれないものはどれか。

イ 屋根

ロ ひさし

ハ 壁

ニ 階段

[Ｂ群(多肢択一法)]

24 文中の(　　)内に当てはまる数値として、正しいものはどれか。

労働安全衛生法関係法令によれば、架設通路において、墜落の危険のある箇所に設ける手すりの高さは、(　　)cm以上とすることと規定されている。

イ　65
ロ　75
ハ　85
ニ　95

25 文中の(　　)内に当てはまる数値として、正しいものはどれか。

労働安全衛生法関係法令によれば、足場(一側足場、つり足場を除く。)における高さ2m以上の作業床においては、幅は、(　　)cm以上とし、床材間の隙間は、3cm以下とすることと規定されている。

イ　20
ロ　30
ハ　40
ニ　50

令和2年度 技能検定
1級 型枠施工 学科試験問題
(型枠工事作業)

1. 試験時間　1時間40分
2. 問題数　50題(A群25題、B群25題)
3. 注意事項

（1） 係員の指示があるまで、この表紙はあけないでください。

（2） 答案用紙(真偽法と多肢択一法の併用)に検定職種名、作業名、級別、受検番号、氏名を必ず記入してください。

（3） 係員の指示に従って、問題数を確かめてください。それらに異常がある場合は、黙って手を挙げてください。問題はA群(真偽法)とB群(多肢択一法)とに分かれています。

（4） 試験開始の合図で始めてください。

（5） 解答の方法(真偽法と多肢択一法の併用)は次のとおりです。

イ.　A群の問題(真偽法)は、一つ一つの問題の内容が正しいか、誤っているかを判断して解答してください。

ロ.　B群の問題(多肢択一法)は、正解と思うものを一つだけ選んで、解答してください。二つ以上に解答した場合は誤答となります。

ハ.　答案用紙(マークシート用紙)へ解答する際は、答案用紙に記載されている注意事項に従ってください。

ニ.　答案用紙の解答欄は、A群の問題とB群の問題とでは異なります。所定の解答欄に、試験問題の題数に応じて解答してください。解答欄はA群は50題まで、B群は25題まで解答できるようになっています。

（6） 電子式卓上計算機その他これと同等の機能を有するものは、使用してはいけません。

（7） 携帯電話、スマートフォン、ウェアラブル端末等は、使用してはいけません。

（8） 試験中、質問があるときは、黙って手を挙げてください。ただし、試験問題の内容、漢字の読み方等に関する質問にはお答えできません。

（9） 試験終了時刻前に解答ができあがった場合は、黙って手を挙げて、係員の指示に従ってください。

（10） 試験中に手洗いに立ちたいときは、黙って手を挙げて、係員の指示に従ってください。

（11） 試験終了の合図があったら、筆記用具を置き、係員の指示に従ってください。

［A群（真偽法）］

1　さしがねを下図のように使って桟木を斜めに切るとき、図中Aの寸法は、100mmである。

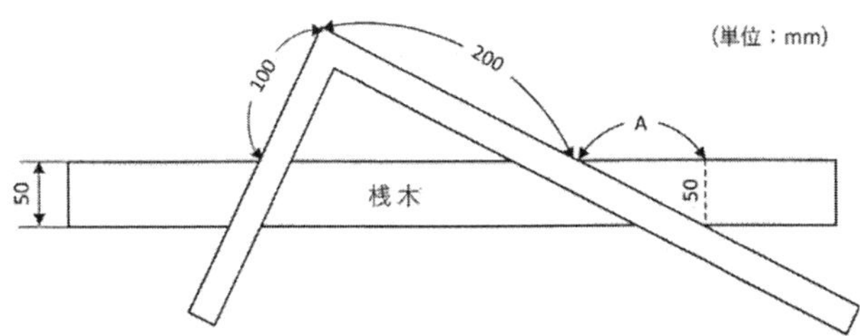

2　枠組支柱は、主として、階高の低い建物や住宅の建築に使用される。

3　セパレータとフォームタイの間隔は、型枠にかかる側圧により決められる。

4　梁底出隅に面を取る場合は、梁底型枠に面木を取り付ける。

5　コンクリートの打込みにおいて、型枠が受ける側圧は、鉄筋の密度には影響されない。

6　側圧が40kN／m²の壁型枠のセパレータ(径7mm(W5／16) 通称2分5厘)の取付け間隔は、600mm×600mmで計画すればよい。

7　公共建築工事標準仕様書によれば、普通ポルトランドセメントを使用したコンクリートのせき板の最小存置期間は、コンクリートの材齢による場合、存置期間中の平均気温が15℃以上のとき、2日とされている。

8　建築工事標準仕様書(JASS)によれば、表示厚さ12mmの型枠用合板の曲げヤング係数(10^3N／mm²)の最小値は、長さ方向スパン用が7.0、幅方向スパン用が2.5とされている。

9　型枠工事におけるコンクリートの打設は、外部コーナーから行うとよい。

10　型枠の転用に当たっては、型枠を標準化する必要があり、材料別や部位別に転用計画を立てて転用先を明確にし、材料の運搬のための人員や揚重機などを確保することが重要である。

11　抱き足場とは、1本の布を2本の建地ではさんで組んだものをいう。

12　2本の鉄筋をガス圧接で継いだ場合、圧接後の全長は、圧接前の2本の鉄筋長さの合計よりも長くなる。

［A群（真偽法)］

13　公共建築工事標準仕様書によれば、鉄筋工事におけるガス圧接後の圧接部のふくらみの直径は、鉄筋径(径の異なる場合は細い方の鉄筋径)の 2 倍以上であることとされている。

14　コンクリートの両面を打放しとする場合は、B 型のセパレータを使用する。

15　せき板に使用する木材は、直射日光にさらさないようシートなどで保護する。

16　日本産業規格(JIS)の一般構造用圧延鋼材において、SS400の400は、引張強さの下限値を表している。

17　建築工事標準仕様書(JASS)によれば、鉄筋コンクリート工事に使用する一般の仕様の普通コンクリートにおける短期・標準・長期の水セメント比の最大値は、55%である。

18　コンクリートの許容応力度において、圧縮強度は、一般に、引張強度の半分程度である。

19　補強コンクリートブロック造では、鉄筋を使用しない。

20　建築工事標準仕様書(JASS)によれば、鉄骨工事のさび止め塗装において、相対湿度が75%以上のときは、塗装作業を中止するとされている。

21　型枠のせき板に加わるコンクリートの側圧は、集中荷重である。

22　日本産業規格(JIS)の建築製図通則によれば、次は、普通ブロック壁を表す材料構造表示記号である。

23　建築基準法関係法令によれば、建築工事を行う場合において、工事期間中工事現場の周囲に設ける仮囲いの高さは、原則として、1.8m以上としなければならないとされている。

24　労働安全衛生法関係法令によれば、単管足場用鋼管規格に適合する鋼管を用いて構成される鋼管足場のうち、単管足場における建地間の積載荷重の限度は、原則として、600kgである。

［A群（真偽法）］

25 労働安全衛生法関係法令によれば、事業者は、高さが2m以上の箇所(作業床の端、開口部等を除く。)で作業を行う場合において、墜落により労働者に危険を及ぼすおそれのあるときは、足場を組み立てる等の方法により作業床を設けなければならないとされている。

［B群（多肢択一法）］

1　文中の(　　)内に当てはまる数値として、正しいものはどれか。

型わく支保工用のパイプサポート等の規格によれば、差込み式の補助サポートにおいて、パイプサポートに差し込むことができる部分の長さは、(　　)mm以上であることとされている。

イ　50

ロ　100

ハ　150

ニ　200

2　階段部分の型枠の建込み及び組立てに関する記述として、適切でないものはどれか。

イ　階段の踏面の蓋型枠は、分割して取り付ける。

ロ　支保工の組立てに際しては、水平つなぎや筋交い等を設ける。

ハ　段鼻のはらみを抑えるには、蓋型枠を取り付ければよい。

ニ　階段の壁型枠は、内側に倒れやすいので、切ばりなどで固定する。

3　下図に示すフーチン型枠の隅寸法Aとして、正しいものはどれか。

イ　625 mm

ロ　550 mm

ハ　500 mm

ニ　475 mm

(単位：mm)

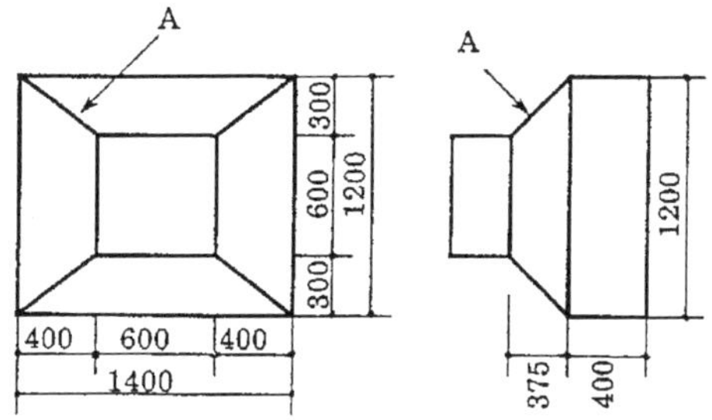

4　次のコンクリートの側圧に影響を及ぼす要因のうち、側圧力が大きくなるものはどれか。

イ　コンクリートの比重が小さい。

ロ　コンクリートの打込み速度が遅い。

ハ　コンクリートの打込み時の温度が高い。

ニ　コンクリートが軟らかく流動性がある。

［B群（多肢択一法)］

5 文中の(　　)内に当てはまる数値として、正しいものはどれか。

建築工事標準仕様書(JASS)によれば、原則として、基礎、梁側、柱及び壁のせき板の存置期間は、計画供用期間の級が短期及び標準の場合は、構造体コンクリートの圧縮強度が(　　)N／mm^2以上に達したことが確認されるまでとするとされている。

イ　3
ロ　5
ハ　8
ニ　10

6 文中の(　　)内に当てはまる数値として、正しいものはどれか。

公共建築工事標準仕様書によれば、最上階における梁底型枠の支柱の最小存置期間は、コンクリートの材齢による場合において、(　　)日であるとされている。

イ　7
ロ　14
ハ　21
ニ　28

7 1000m^2の合板型枠の面積(スラブ型枠を含む。)に必要な型枠用材料の重量として、適切なものはどれか。

イ　約30トン
ロ　約40トン
ハ　約50トン
ニ　約60トン

8 移動式足場(ローリングタワー)に関する記述として、適切でないものはどれか。

イ　床の勾配が5度以下であれば、人を乗せたまま移動してもよい。
ロ　作業床の周囲に設ける手すりの高さは、90cm以上とする。
ハ　昇降設備として設ける階段の勾配は、50度以下とする。
ニ　脚輪のブレーキは、移動中を除き、常に作動させておく。

9 文中の(　　)内に当てはまる数値として、正しいものはどれか。

労働安全衛生法関係法令によれば、架設通路の勾配は、原則として、(　　)度以下とすることとされている。

イ　10
ロ　20
ハ　30
ニ　40

［B群（多肢択一法）］

10 建築工事標準仕様書(JASS)におけるトルシア形高力ボルトの締付けに関する記述として、適切でないものはどれか。

イ ナットの下に座金を1個敷き、ナットを回転させて行う。

ロ ボルトの挿入から本締めまでの作業は、原則として、同日中に完了させる。

ハ ボルトの締付け作業は、1次締めと本締めの2段階で行う。

ニ 本締めは、ピンテールが破断するまでナットを締め付ける。

11 文中の(　　)内に当てはまる数値として、適切なものはどれか。

同一長さで同一径のセパレータにおいて、ストロングセパレータの引張許容強度は、一般に、セパレータの約(　　)倍である。

イ 1.2

ロ 1.5

ハ 2.0

ニ 2.5

12 鋼製型枠(メタルフォーム)の長所として、適切でないものはどれか。

イ 水密性が良い。

ロ 仕上げ面が平滑で、ねじれがない。

ハ 破損消耗が比較的少なく、転用度が高い。

ニ 保温性が良く、外部温度の影響を受けにくい。

13 次の工事と材料等の組合せとして、適切でないものはどれか。

	工　事		材料等
イ	コンクリート工事	・・・	フライアッシュ
ロ	鉄筋工事	・・・・・・・	スターラップ
ハ	杭工事	・・・・・・・・	ケーシング
ニ	鉄骨工事	・・・・・・・	アースオーガー

14 コンクリート(普通ポルトランドセメント)打込み後の初期養生に関する記述として、適切でないものはどれか。

イ 透水性の大きいせき板によって被覆する。

ロ 散水や噴霧等によって湿潤養生する。

ハ 5日間以上、コンクリートの温度を2℃以上に保つ。

ニ 一般に、少なくとも1日間は、その上で作業をしてはならない。

15 鉄筋コンクリート造に関する記述として、適切でないものはどれか。

イ 鉄筋を組み立てて型枠を建て込み、その中にコンクリートを打ち込んだ構造である。

ロ コンクリートは、主に、引張力を負担するために使用される。

ハ 長所は、耐火性や耐久性等に優れ、成形が自由であることである。

ニ 鉄筋とコンクリートは、温度に対する膨張係数がほとんど同じである。

［Ｂ群（多肢択一法）］

16　補強コンクリートブロック造に関する記述として、適切なものはどれか。

イ　コンクリートブロックの1日の積上げ高さは、一般に、2mとするのがよい。

ロ　基礎や臥梁（がりょう）は、無筋コンクリート造とする。

ハ　耐力壁の縦筋(壁厚190mm以上の耐力壁におけるD13以下の縦筋を除く。)は、ブロックに詰めるコンクリートの中に継手を設けるのがよい。

ニ　耐力壁の配筋は、径9mm以上の鉄筋を縦・横に80cm以内の間隔で配置する。

17　建築工事標準仕様書(JASS)において、構造材と床板(広葉樹材)の木材含水率の組合せとして、規定されているものはどれか。

	構造材	床板(広葉樹材)
イ	20%以上・・・	45%以下
ロ	20%以下・・・	13%以下
ハ	30%以下・・・	35%以上
ニ	30%以上・・・	20%以上

18　下図のA点の曲げモーメントとして、正しいものはどれか。

イ　2,000N・m

ロ　4,000N・m

ハ　6,000N・m

ニ　10,000N・m

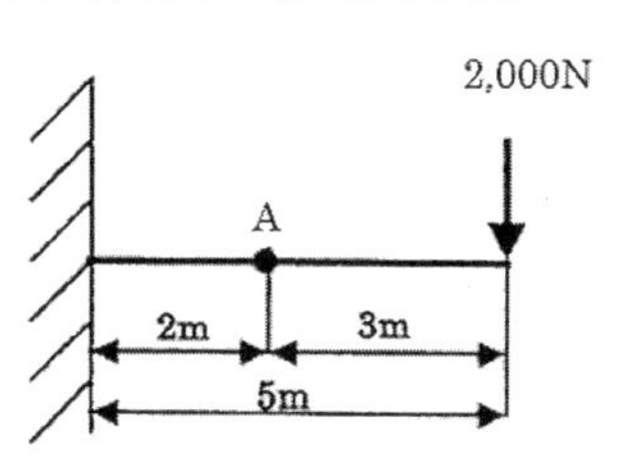

19　下図のように、単純梁に集中荷重が作用した場合、A点とB点の反力の組合せとして、正しいものはどれか。

	A点	B点
イ	300N	200N
ロ	250N	250N
ハ	200N	300N
ニ	150N	350N

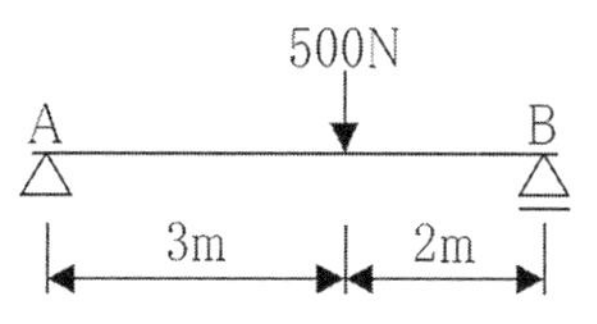

20　日本産業規格(JIS)の建築製図通則によれば、次の平面表示記号が表すものはどれか。

イ　はめごろし窓

ロ　出入口一般

ハ　引違い戸

ニ　引違い窓

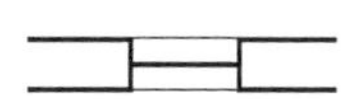

［Ｂ群（多肢択一法）］

21　日本産業規格(JIS)の建築製図通則によれば、次の材料構造表示記号が表すものはどれか。

イ　地盤
ロ　割栗
ハ　保温吸音材
ニ　左官仕上

22　文中の(　　)内に当てはまる数値として、正しいものはどれか。

建築基準法関係法令によれば、鉄筋に対するコンクリートのかぶり厚さは、原則として、耐力壁にあっては(　　)cm以上としなければならないとされている。

イ　1
ロ　2
ハ　3
ニ　4

23　文中の(　　)内に当てはまる数値として、正しいものはどれか。

建築基準法関係法令によれば、鉄筋コンクリート造に使用するコンクリートの四週圧縮強度は、$1mm^2$につき(　　)N(軽量骨材を使用する場合においては、9N)以上であることとされている。

イ　8
ロ　10
ハ　12
ニ　15

24　文中の(　　)内に当てはまる数値の組合せとして、正しいものはどれか。

労働安全衛生法関係法令によれば、足場(一側足場、つり足場を除く。)における高さ2m以上の作業場所に設ける作業床は、幅を(①)cm以上、床材間の隙間を(②)cm以下とすることとされている。

	①		②
イ	30	・・	3
ロ	30	・・	4
ハ	40	・・	3
ニ	40	・・	4

25　文中の(　　)内に当てはまる数値として、正しいものはどれか。

労働安全衛生法関係法令において、支柱の高さが(　　)m以上の型枠支保工を組み立てる場合は、所定の届書に、その計画に関する書面及び図面等を添えて、所轄労働基準監督署長に提出しなければならないとされている。

イ　3.0
ロ　3.3
ハ　3.5
ニ　3.7

令和元年度 技能検定
1級 型枠施工 学科試験問題
(型枠工事作業)

1. 試験時間　1時間40分
2. 問題数　50題(A群25題、B群25題)
3. 注意事項

（1）係員の指示があるまで、この表紙はあけないでください。

（2）答案用紙(真偽法と多肢択一法の併用)に検定職種名、作業名、級別、受検番号、氏名を必ず記入してください。

（3）係員の指示に従って、問題数を確かめてください。それらに異常がある場合は、黙って手を挙げてください。問題はA群(真偽法)とB群(多肢択一法)とに分かれています。

（4）試験開始の合図で始めてください。

（5）解答の方法(真偽法と多肢択一法の併用)は次のとおりです。

イ．A群の問題(真偽法)は、一つ一つの問題の内容が正しいか、誤っているかを判断して解答してください。

ロ．B群の問題(多肢択一法)は、正解と思うものを一つだけ選んで、解答してください。二つ以上に解答した場合は誤答となります。

ハ．答案用紙(マークシート用紙)へ解答する際は、答案用紙に記載されている注意事項に従ってください。

ニ．答案用紙の解答欄は、A群の問題とB群の問題とでは異なります。所定の解答欄に、試験問題の題数に応じて解答してください。解答欄はA群は50題まで、B群は25題まで解答できるようになっています。

（6）電子式卓上計算機その他これと同等の機能を有するものは、使用してはいけません。

（7）携帯電話等は、使用してはいけません。

（8）試験中、質問があるときは、黙って手を挙げてください。ただし、試験問題の内容、漢字の読み方等に関する質問にはお答えできません。

（9）試験終了時刻前に解答ができあがった場合は、黙って手を挙げて、係員の指示に従ってください。

（10）試験中に手洗いに立ちたいときは、黙って手を挙げて、係員の指示に従ってください。

（11）試験終了の合図があったら、筆記用具を置き、係員の指示に従ってください。

[A群(真偽法)]

1　さしがねを下図のように使って桟木を斜めに切るとき、図中Aの寸法は、100mmである。

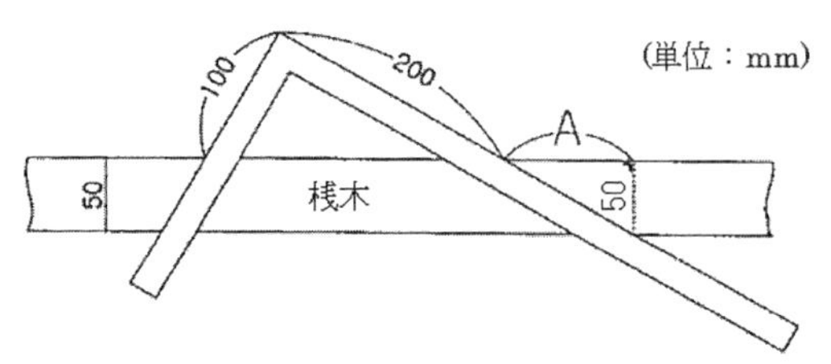

2　セパレータ及びフォームタイの間隔は、型枠にかかる側圧により決められる。

3　合板せき板は、鋼製せき板よりもコンクリートの保温性が劣る。

4　梁型枠に面木を取り付ける場合は、梁底に取り付けるのがよい。

5　次の墨出し記号は、左の墨が正しいことを表している。

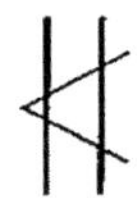

6　パイプサポートを支柱として型枠支保工を組み立てる場合、パイプサポートの差し込みピンには、鉄筋を使用してもよい。

7　最上階における大梁下の支柱の解体は、圧縮強度が設計基準強度以上であっても、コンクリートの打設後、28日以上経過した後でなければ行ってはならない。

8　建築工事標準仕様書(JASS)によれば、表示厚さが12mmの型枠用合板における曲げヤング係数(10^3N／mm^2)の最小値は、長さ方向スパン用が2.5、幅方向スパン用が7.0である。

9　床厚が18cmで階高が3.6mのとき、パイプサポート1本当たりで支持できる最大床面積は、2.5m^2である。

10　型枠のパネル割りにおいては、床には規格寸法の材料を、柱や梁にはパネル化された材料を転用した計画とするとよい。

11　抱き足場とは、1列に配列した建地を、2本の布ではさんで組んだものをいう。

12　公共建築工事標準仕様書によれば、異形鉄筋を帯筋やあばら筋に使用する場合は、端部にフックを付けなくてもよい。

［A群(真偽法)］

13　公共建築工事標準仕様書によれば、鉄筋のガス圧接における圧接後の圧接部のふくらみの直径は、鉄筋径(径が異なる場合は細い方の鉄筋径)の1.4倍以上とする。

14　打放しコンクリートに使用するセパレータは、C型である。

15　天日乾燥したせき板を型枠材に使用すると、打設したコンクリートの表面が硬化不良を起こすおそれがある。

16　型枠施工において、流動性が良い軽量コンクリートは、ボルト穴などの隙間から吹き出すおそれがあるので注意する必要がある。

17　建築工事標準仕様書(JASS)によれば、一般の仕様の普通コンクリートにおける短期・標準・長期の水セメント比の最大値は、65％である。

18　鉄骨鉄筋コンクリート造では、鉄骨フランジにセパレータ用の穴を設け、型枠を施工してもよい。

19　建築工事標準仕様書(JASS)によれば、鉄骨工事の建方の精度において、柱の倒れの管理許容差は、一般に、高さの1／1000以下、かつ、10mm以下である。

20　建築工事標準仕様書(JASS)によれば、鉄骨工事において、作業場所の相対湿度が85％以上のときは、さび止め塗装作業を中止する。

21　型枠にかかるコンクリートの側圧は、型枠の最下部において最大となる。

22　日本工業規格(JIS)の建築製図通則によれば、次は、コンクリート及び鉄筋コンクリートを表す材料構造表示記号である。

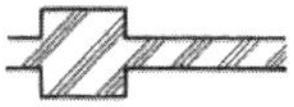

23　建築基準法関係法令によれば、鉄筋コンクリート造建物の基礎(布基礎の立上り部分を除く。)の鉄筋に対するコンクリートのかぶり厚さは、捨コンクリートの部分を除いて6cm以上としなければならない。

24　労働安全衛生法関係法令によれば、支柱の高さが3mの型枠支保工を設置する場合は、その計画を所轄の労働基準監督署長に届け出なければならない。

25　労働安全衛生法関係法令によれば、支柱として用いるパイプサポートの高さが3.5mを超えるときに設ける水平つなぎの高さは、2.2mごとである。

［B群(多肢択一法)］

1　トランシットに関する記述として、適切でないものはどれか。

　イ　据付け場所は、各測点が見通せる所とする。

　ロ　据付け場所は、測点と測点の中間付近で安定した地盤の所とする。

　ハ　脚頭にトランシットを押さえながら乗せ、ねじで固定する。

　ニ　本体を三脚に付けたまま運ぶときは、肩に担いで運ぶ。

2　階段部分の型枠建込み、組立てに関する記述として、適切でないものはどれか。

　イ　階段の踏面の蓋(ふた)型枠は、分割して取り付ける。

　ロ　支保工組立てに際しては、水平つなぎ、筋交い等を設ける。

　ハ　段鼻のはらみを抑えるには、蓋型枠を取り付ければよい。

　ニ　階段の壁型枠は、内側に倒れやすいので、切ばりなどで固定する。

3　文中の(　　)内に当てはまる数値として、正しいものはどれか。

　型わく支保工用のパイプサポート等の規格によれば、パイプサポートの支持ピンの直径は、(　　)mm以上である。

　イ　8

　ロ　9

　ハ　10

　ニ　11

4　型枠の下ごしらえに関する記述として、適切でないものはどれか。

　イ　下ごしらえした階段の手すりのせき板に、セパレータ用の穴をあける場合は、相互に重ねて行うとよい。

　ロ　壁と柱又は梁の取合いとなる所には、桟木を取り付ける。

　ハ　床のコンクリートが直仕上げの場合、柱型枠の下ごしらえでは、水墨を打つ必要はない。

　ニ　下ごしらえした加工材には、加工図に従って番付符号を付ける。

5　コンクリートの側圧に影響を及ぼす要因のうち、側圧が小さくなるものはどれか。

　イ　コンクリートの比重が大きい。

　ロ　コンクリートの打込み速度が遅い。

　ハ　コンクリートが軟らかい。

　ニ　振動機を使用している。

[Ｂ群(多肢択一法)]

6　文中の(　　)内に当てはまる数値として、正しいものはどれか。

公共建築工事標準仕様書によれば、普通ポルトランドセメントを使用した生コンを打設した型枠の最小存置期間をコンクリートの材齢で決定する場合、存置期間中の平均気温が0℃のときの基礎・梁側・柱・壁のせき板の最小存置期間は、(　　)日である。

イ　3
ロ　5
ハ　8
ニ　10

7　文中の(　　)内に当てはまる数値として、正しいものはどれか。

型わく及び支柱の取り外しに関する基準によれば、はり下の支柱の取り外しは、原則として、コンクリートの圧縮強度が設計基準強度の(　　)％以上と確認されるまでは行ってはならない。

イ　50
ロ　75
ハ　85
ニ　100

8　1000m^2の合板型枠面積(スラブ型枠を含む。)に必要な型枠用材料の重量として、適切なものはどれか。

イ　約30トン
ロ　約40トン
ハ　約50トン
ニ　約60トン

9　ローリングタワーに関する記述として、適切でないものはどれか。

イ　人を乗せたまま移動してはならない。
ロ　作業床の周囲に設ける手すりの高さは、85cmとする。
ハ　脚輪のブレーキは、移動中を除き、常に作動させておく。
ニ　昇降設備として設ける階段の勾配は、50度以下とする。

10　鉄筋のかぶり厚さに関する記述として、適切なものはどれか。

イ　設計かぶり厚さは、型枠の加工・組立て精度、コンクリートの打込み時の変形・移動などを考慮して決める。
ロ　かぶり厚さは、鉄筋の中心からコンクリートの表面までの距離である。
ハ　かぶり厚さは、鉄筋コンクリート部材の耐久性や耐火性には影響しない。
ニ　かぶり厚さは、構造部材に対してのみ必要である。

[B群(多肢択一法)]

11 文中の(　　)内に当てはまる数値として、適切なものはどれか。

同一長さで同一径のセパレータにおいて、ストロングセパレータの引張許容強度は、一般に、セパレータの(　　)倍である。

イ　約1.2

ロ　約1.5

ハ　約2.0

ニ　約2.5

12 打継ぎ型枠の打止めに使用する仕切材として、適切でないものはどれか。

イ　メタルラス

ロ　桟木

ハ　エアフェンス

ニ　スレート板

13 公共建築工事標準仕様書によれば、粗骨材の最大寸法20mmを使用するコンクリートにおいて、下図のようなD25における鉄筋相互のあき寸法の最小値(mm)として、正しいものはどれか。ただし、図中のDは、鉄筋の最大外径を表すものとする。

イ　20mm

ロ　20mm×1.1倍

ハ　25mm

ニ　25mm×1.5倍

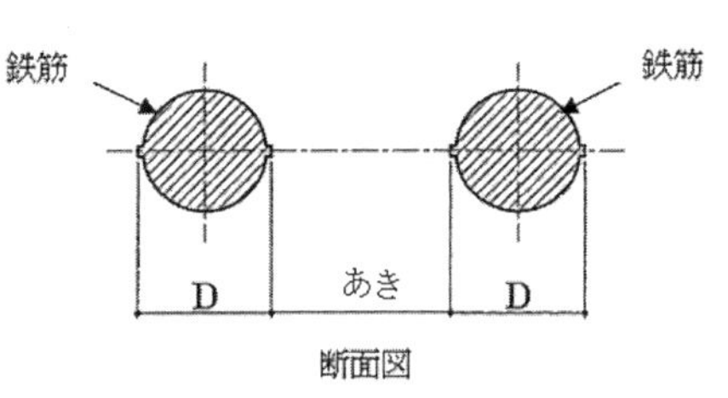

14 コンクリートの打込み後の初期養生に関する記述として、適切でないものはどれか。

イ　透水性の小さいせき板によって被覆する。

ロ　散水や噴霧等によって湿潤養生する。

ハ　2日間は、コンクリートの温度を2℃以上に保つ。

ニ　少なくとも1日間は、打込みしたコンクリートの上で作業をしない。

15 下図の鉄筋コンクリート造の梁の配筋において、主として、せん断力に抵抗するために設ける補強筋はどれか。

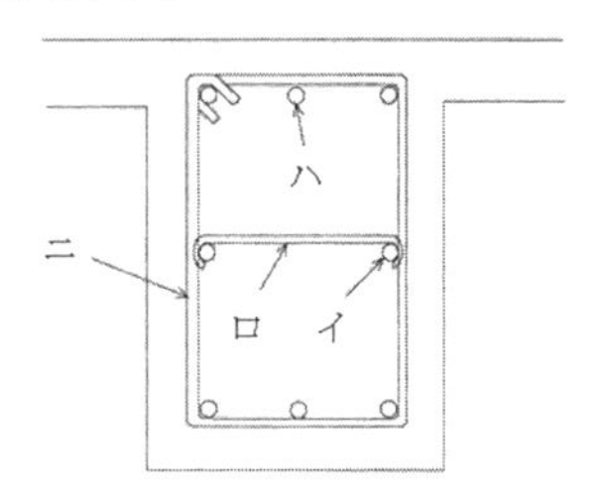

［B群(多肢択一法)］

16　補強コンクリートブロック造に関する記述として、適切なものはどれか。

イ　コンクリートブロックの1日の積上げ高さは、一般に、2mとするのがよい。

ロ　基礎及び臥梁（がりょう）は、無筋コンクリート造とする。

ハ　耐力壁の縦筋(壁厚190mm以上の耐力壁におけるD13以下の縦筋を除く。)は、ブロックに詰めるコンクリートの中に継手を設けるのがよい。

ニ　耐力壁の配筋は、径9mm以上の鉄筋を縦・横に80cm以内の間隔で配置する。

17　建築工事標準仕様書(JASS)によれば、木材における構造材と造作材の含水率の組合せとして、正しいものはどれか。

	構造材		造作材
イ	30%以上	・・	15%以上
ロ	20%以下	・・	15%以下
ハ	30%以下	・・	35%以上
ニ	20%以上	・・	45%以下

18　下図に示す片持梁の先端に集中荷重P(200N)が作用した場合、A点のせん断力として、正しいものはどれか。

イ　200N

ロ　400N

ハ　600N

ニ　1000N

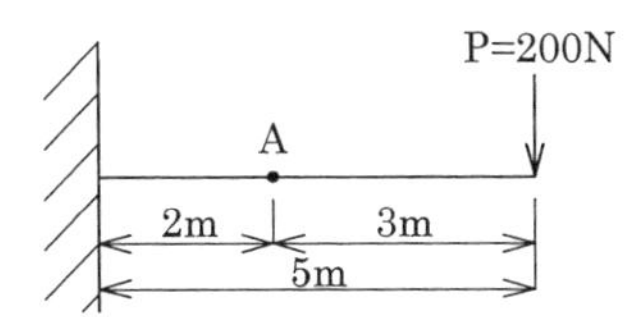

19　曲げ応力度の計算式として、正しいものはどれか。

ただし、σ_bは曲げ応力度(N／mm²)、Mは曲げモーメント(N・mm)、Aは断面積(mm²)、Zは断面係数(mm³)とする。

イ　$\sigma_b = \dfrac{M}{A}$

ロ　$\sigma_b = \dfrac{M}{Z}$

ハ　$\sigma_b = M \times A$

ニ　$\sigma_b = M \times Z$

20　日本工業規格(JIS)の建築製図通則によれば、次の材料構造表示記号が表すものはどれか。

イ　地盤

ロ　割栗

ハ　保温吸音材

ニ　左官仕上

[Ｂ群(多肢択一法)]

21 日本工業規格(JIS)の建築製図通則によれば、次の平面表示記号が表すものはどれか。

イ　出入口一般
ロ　片開き窓
ハ　シャッター
ニ　両開きとびら

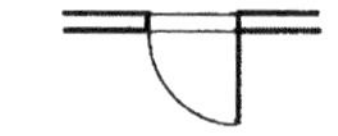

22 文中の(　　)内に当てはまる数値として、正しいものはどれか。

建築基準法関係法令によれば、鉄筋に対するコンクリートのかぶり厚さは、耐力壁にあっては(　　)cm以上としなければならない。

イ　1
ロ　2
ハ　3
ニ　4

23 文中の(　　)内に当てはまる数値として、正しいものはどれか。

建築基準法関係法令によれば、鉄筋コンクリート造に使用するコンクリートの四週圧縮強度は、1mm²につき(　　)N(軽量骨材を使用する場合においては、9N)以上である。

イ　8
ロ　10
ハ　12
ニ　15

24 文中の(　　)内に当てはまる数値の組合せとして、正しいものはどれか。

労働安全衛生法関係法令によれば、足場(一側足場、つり足場を除く。)における高さ2m以上の作業場所に設ける作業床は、幅は(①)cm以上、床材間の隙間は(②)cm以下とする。

	①		②
イ	30	・・	3
ロ	30	・・	4
ハ	40	・・	3
ニ	40	・・	4

25 労働安全衛生法関係法令において、特別教育の修了では行うことができない業務はどれか。

イ　研削といしの取替え又は取替え時の試運転の業務
ロ　最大荷重が1.5トンのフォークリフトの運転の業務
ハ　つり上げ荷重が3トンのクレーンの運転の業務
ニ　建設用リフトの運転の業務

平成30年度 技能検定
1級 型枠施工 学科試験問題
(型枠工事作業)

1. 試験時間　1時間40分
2. 問題数　50題(A群25題、B群25題)
3. 注意事項

（1） 係員の指示があるまで、この表紙はあけないでください。

（2） 答案用紙(真偽法と多肢択一法の併用)に検定職種名、作業名、級別、受検番号、氏名を必ず記入してください。

（3） 係員の指示に従って、問題数を確かめてください。それらに異常がある場合は、黙って手を挙げてください。問題はA群(真偽法)とB群(多肢択一法)とに分かれています。

（4） 試験開始の合図で始めてください。

（5） 解答の方法(真偽法と多肢択一法の併用)は次のとおりです。

イ. A群の問題(真偽法)は、一つ一つの問題の内容が正しいか、誤っているかを判断して解答してください。

ロ. B群の問題(多肢択一法)は、正解と思うものを一つだけ選んで、解答してください。二つ以上に解答した場合は誤答となります。

ハ. 答案用紙(マークシート用紙)へ解答する際は、答案用紙に記載されている注意事項に従ってください。

ニ. 答案用紙の解答欄は、A群の問題とB群の問題とでは異なります。所定の解答欄に、試験問題の題数に応じて解答してください。解答欄はA群は50題まで、B群は25題まで解答できるようになっています。

（6） 電子式卓上計算機その他これと同等の機能を有するものは、使用してはいけません。

（7） 携帯電話等は、使用してはいけません。

（8） 試験中、質問があるときは、黙って手を挙げてください。ただし、試験問題の内容、漢字の読み方等に関する質問にはお答えできません。

（9） 試験終了時刻前に解答ができあがった場合は、黙って手を挙げて、係員の指示に従ってください。

（10） 試験中に手洗いに立ちたいときは、黙って手を挙げて、係員の指示に従ってください。

（11） 試験終了の合図があったら、筆記用具を置き、係員の指示に従ってください。

[A群(真偽法)]

1　下図のように底辺A－Bが400mm、高さA－Cが300mmのとき、B－Cは平勾配になるが、隅がB－Dで375mm振れた場合、隅勾配の長さC－Dは、625mmになる。

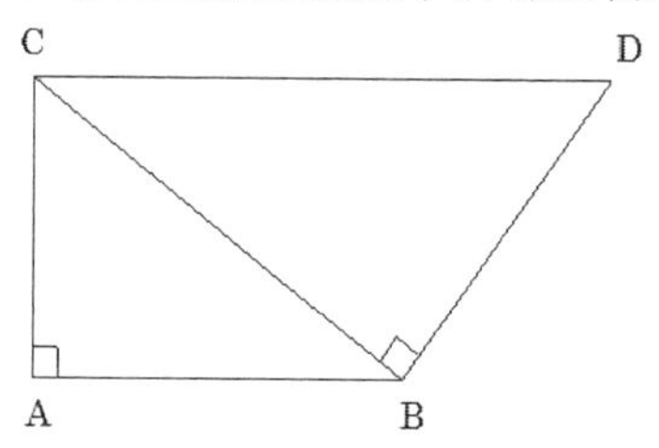

2　フォームタイの間隔は、セパレータの耐力で決まるので、他の条件は考慮しなくてもよい。

3　合板せき板は、鋼製せき板よりもコンクリートの保温性に優れている。

4　柱型枠に設ける梁接合部の開口部(切り口)の大きさは、一般に、梁型枠のせき板の内法寸法とする。

5　側圧が40kN／m^2の壁型枠のセパレータ(径7mm(W5／16) 通称2分5厘)の取付け間隔は、600mm×600mmで計画すればよい。

6　下記の墨出し記号は、右の墨が正しいことを表している。

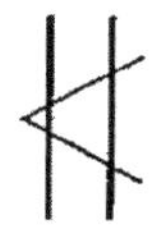

7　公共建築工事標準仕様書によれば、普通ポルトランドセメントを使用したコンクリートのせき板の最小存置期間は、コンクリートの材齢による場合、存置期間中の平均気温が15℃以上のときは、2日であると規定されている。

8　建築工事標準仕様書(JASS)によれば、表示厚さ12mmの型枠用合板の曲げヤング係数(10^3N／mm^2)の最小値は、長さ方向スパン用が7.0、幅方向スパン用が2.5と規定されている。

9　鉄骨鉄筋コンクリート造では、鉄骨の加工図の作成に先だって、型枠のセパレータ穴の位置について検討する必要がある。

10　型枠の転用に当たっては、型枠を標準化する必要があり、材料別、部位別に転用計画を立てて、転用先を明確にし、材料の運搬のための人員や揚重機などを確保することが重要である。

［A群(真偽法)］

11　クレーン等安全規則によれば、直径の減少が公称径の15％であるワイヤロープは、クレーンの玉掛用具に使用してもよいと規定されている。

12　鉄筋コンクリート工事において、異形鉄筋は、使用箇所にかかわらず、端部にフックを付けなくてもよい。

13　建築工事標準仕様書(JASS)によれば、コンクリートの締固めに使用する棒形振動機の挿入間隔は、90cm程度とすると規定されている。

14　建築工事標準仕様書(JASS)によれば、型枠工事のせき板に用いる木材は、乾燥の際に直射日光に当てることと規定されている。

15　建築工事標準仕様書(JASS)によれば、計画供用期間が標準期の場合、普通ポルトランドセメントの水セメント比の最大値は、60％であると規定されている。

16　建築工事標準仕様書(JASS)によれば、軽量コンクリートのスランプ値は、20cm以下と規定されている。

17　コンクリートの引張強度は、圧縮強度に等しい。

18　木造建築物に筋かいを入れる目的の一つは、風圧力や地震力などに耐えるための強度を増すことである。

19　建築基準法関係法令によれば、原則として、構造耐力上主要な部分である鋼材の接合は、接合される鋼材が炭素鋼であるときは、高力ボルト接合、溶接接合等によらなければならないと規定されている。

20　補強コンクリートブロック造では、鉄筋を使用しない。

21　型枠のせき板に加わるコンクリートの側圧は、集中荷重である。

22　日本工業規格(JIS)の建築製図通則によれば、下図は、軽量壁一般を表す材料構造表示記号である。

23　建築基準法関係法令によれば、原則として、工事現場の周辺に危険防止のために設ける仮囲いの高さは、1.8m以上としなければならないと規定されている。

[A群(真偽法)]

24 労働安全衛生法関係法令によれば、単管足場の建地間の積載荷重は、400kgを限度とすることと規定されている。

25 労働安全衛生法関係法令によれば、事業者は、研削といしについては、研削といしを取り替えたときには1分間以上試運転をしなければならないと規定されている。

［B群(多肢択一法)］

1　文中の(　　)内に当てはまる数値として、正しいものはどれか。

型わく支保工用のパイプサポート等の規格によれば、差込み式の補助サポートにおいて、パイプサポートに差し込むことができる部分の長さは、(　　)mm以上であることと規定されている。

イ　50
ロ　100
ハ　150
ニ　200

2　床型枠用鋼製デッキプレート(フラットデッキ)に関する記述として、適切でないものはどれか。

イ　スラブ型枠に使用する場合は、だめ穴の周りの補強は必要ない。
ロ　施工する場合は、監督職員との打合せが必要である。
ハ　スラブ型枠に使用する場合は、コンクリートの打設は梁から打設するとよい。
ニ　階高が高い建物に適した材料である。

3　鋼製型枠の短所でないものはどれか。

イ　外部温度の影響を受けやすい。
ロ　鋼製型枠に合わせた設計になる。
ハ　仕上げ面が粗く、ねじれやすい。
ニ　コンクリートが錆(さび)で汚染されるおそれがある。

4　下図に示す柱型の化粧打放し型枠下ごしらえのうち、最も適切なものはどれか。

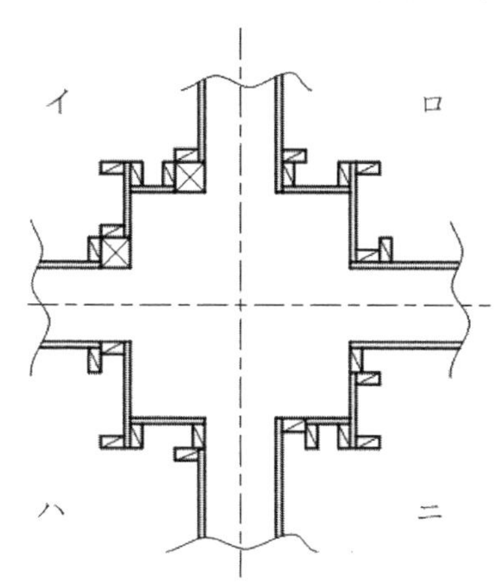

[B群(多肢択一法)]

5　コンクリートの側圧に影響を及ぼす要因のうち、側圧力が大きくなるものはどれか。

　イ　コンクリートの比重が小さい。

　ロ　コンクリートの打込み速度が遅い。

　ハ　コンクリート打込み時の温度が高い。

　ニ　コンクリートが軟らかく流動性がある。

6　文中の(　　)内に当てはまる数値として、正しいものはどれか。

　公共建築工事標準仕様書によれば、最上階の梁底型枠の支柱の最小存置期間は、コンクリートの材齢による場合において、(　　)日であると規定されている。

　イ　7

　ロ　14

　ハ　21

　ニ　28

7　高所作業車及びその作業に関する記述として、適切なものはどれか。

　イ　リフトを上昇させたところ、作業位置に手が届かなかったので作業床上に踏み台を乗せ、その上に乗って作業を行った。

　ロ　高所作業車に搭乗後、軽作業だったので安全帯をせずに作業を行った。

　ハ　高所作業車を使用して作業を行うに当たり、作業現場の状況、使用する高所作業車の能力を考慮して作業計画を立てた。

　ニ　ブーム式の高所作業車では、ブームの起伏角度が同じであれば、安定度が増すため、最大限にブームを伸ばした。

8　Pコーン(プラスチックコーン)の化粧割付けの設計において、事前に検討する必要のないものはどれか。

　イ　スラブ段差の有無

　ロ　柱・梁の位置と断面寸法

　ハ　最下段のPコーン(プラスチックコーン)の位置

　ニ　コンクリートの強度

9　ローリングタワーに関する記述として、適切でないものはどれか。

　イ　床の勾配が5度以下であれば、人を乗せたまま移動してもよい。

　ロ　作業床の周囲に設ける手すりの高さは、90cm以上とする。

　ハ　昇降設備として設ける階段の勾配は、50度以下とする。

　ニ　脚輪のブレーキは、移動中を除き、常に作動させておく。

10　鉄骨の高力ボルト接合に関する記述として、適切でないものはどれか。

　イ　ボルトの締付け機器としては、トルクレンチも使用される。

　ロ　ボルト挿入から本締めまでの作業は、原則として、同日中に完了させる。

　ハ　締付け作業は、1次締め、本締めの2段階で行われる。

　ニ　ボルトの摩擦接合部の摩擦面には、塗装しない。

［B群(多肢択一法)］

11　下図の丸セパレータの使用長さとして、適切なものはどれか。

イ　375mm

ロ　385mm

ハ　400mm

ニ　425mm

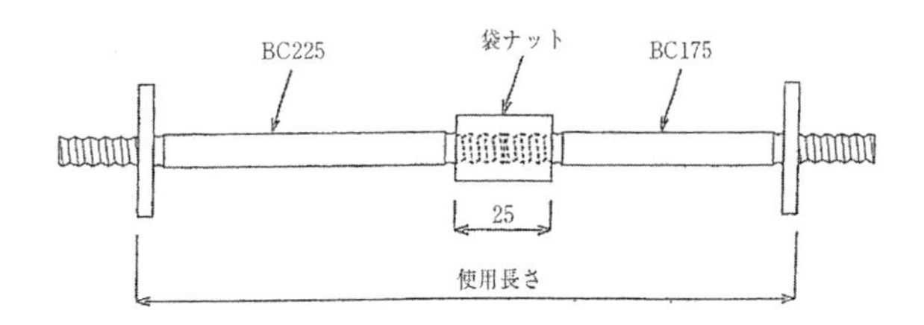

12　文中の(　　)内に当てはまる数値として、適切なものはどれか。

一般のセパレータの引張許容強度を14kNとした場合、通常、ストロングセパレータの引張許容強度は、(　　) kN程度である。

イ　7

ロ　21

ハ　28

ニ　42

13　コンクリートに関する記述として、適切でないものはどれか。

イ　AE剤等の混和剤は、コンクリートの性能を改良又は調整するために使用する。

ロ　コンクリートの水セメント比を大きくすると、一般に、コンクリートの強度や耐久性の低下につながる。

ハ　コンクリートの設計基準強度とは、調合を定める場合に目標とする強度であり、標準養生の供試体強度で表される。

ニ　コンクリートのヤング係数は、一般に、コンクリートの圧縮強度が高いほど大きい値となる。

14　コンクリート(普通ポルトランドセメント)打込み後の初期養生に関する記述として、適切でないものはどれか。

イ　透水性の大きいせき板によって被覆する。

ロ　散水、噴霧等によって湿潤養生する。

ハ　5日間以上コンクリートの温度を2℃以上に保つ。

ニ　少なくとも1日間はその上で作業をしてはならない。

15　鉄筋コンクリート造の配筋に関する記述として、適切でないものはどれか。

イ　梁のあばら筋は、梁の中央部よりも両端部の方に密に入れる。

ロ　柱の帯筋は、柱の中央部よりも上下端部の方に密に入れる。

ハ　耐震壁の配筋は、縦筋よりも横筋の方に密に入れる。

ニ　スラブの配筋は、長辺方向よりも短辺方向の方に密に入れる。

[B群(多肢択一法)]

16　型枠に使用される剥(はく)離剤において、樹脂系が適用される型枠はどれか。

イ　鋼板型枠
ロ　塗装合板型枠
ハ　合板型枠
ニ　アルミ型枠

17　建築工事標準仕様書(JASS)に規定されている木材含水率として、正しいものはどれか。

	構造材	床板など広葉樹材
イ	20%以上	45%以下
ロ	20%以下	13%以下
ハ	30%以下	35%以上
ニ	30%以上	20%以上

18　下図のA点の曲げモーメントとして、正しいものはどれか。

イ　2,000N・m
ロ　4,000N・m
ハ　6,000N・m
ニ　10,000N・m

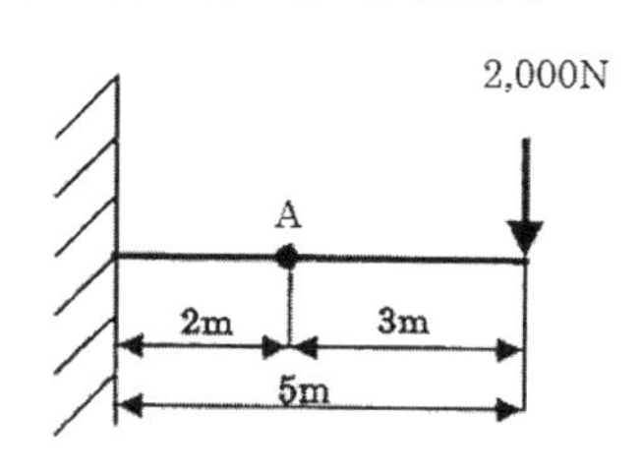

19　下図に示す単純梁に集中荷重Pが作用した場合、A、B点の反力の組合せとして、正しいものはどれか。ただし、P=3,000Nとする。

	A点	B点
イ	2,000N	1,000N
ロ	1,000N	2,000N
ハ	2,000N	4,000N
ニ	1,500N	1,500N

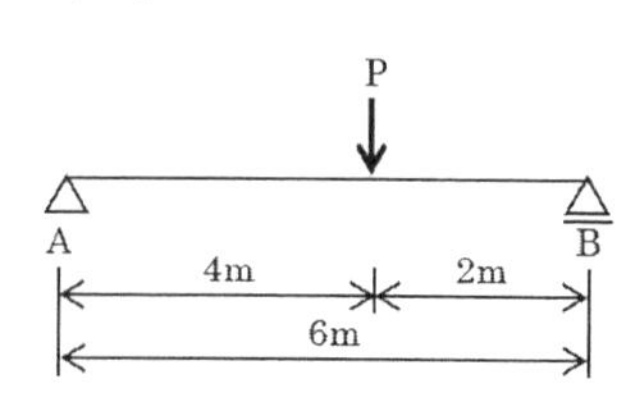

20　日本工業規格(JIS)の建築製図通則によれば、下図の材料構造表示記号が表すものはどれか。

イ　地盤
ロ　割栗
ハ　保温吸音材
ニ　左官仕上

［B群(多肢択一法)］

21　日本工業規格(JIS)の建築製図通則によれば、下図の平面表示記号が表すものはどれか。

イ　出入口一般
ロ　はめごろし窓
ハ　両開きとびら
ニ　引違い窓

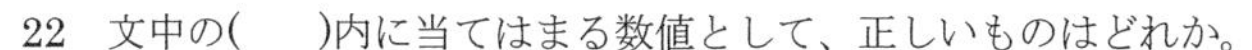

22　文中の(　　)内に当てはまる数値として、正しいものはどれか。

建設業法関係法令によれば、原則として、建設業が建築工事業である場合、建設業を営もうとする者であって、その営業に当たって、その者が発注者から直接、請け負う一件の建設工事につき、その工事の全部又は一部を、下請代金の額(その工事に係る下請け契約が二以上あるときは、下請代金の額の総額)が、(　　)万円以上である場合は、営業所の設置状況によって、国土交通大臣又は都道府県知事の建設業の許可を得なければならないと規定されている。

イ　4000
ロ　5000
ハ　6000
ニ　7000

23　建築基準法関係法令における鉄筋コンクリート構造の施工箇所と鉄筋のかぶり厚さの組合せとして、適切でないものはどれか。

	施工箇所	鉄筋のかぶり厚さ
イ	床	2cm以上
ロ	耐力壁	3cm以上
ハ	柱	5cm以上
ニ	基礎(捨コンクリート部分を除く)	6cm以上

24　労働安全衛生法関係法令によれば、型枠支保工の組立て等作業主任者の職務として、規定されていないものはどれか。

イ　作業の方法を決定し、作業を直接指揮すること。
ロ　資材の揚重作業時に、玉掛けの方法を指導すること。
ハ　材料の欠点の有無並びに器具及び工具を点検し、不良品を取り除くこと。
ニ　作業中、安全帯等及び保護帽の使用状況を監視すること。

25　文中の(　　)内に当てはまる数値として、正しいものはどれか。

労働安全衛生法関係法令によれば、支柱の高さが(　　)m以上の型枠支保工を組み立てる場合は、その計画に関する書面及び図面等を所轄労働基準監督署長に提出しなければならないと規定されている。

イ　3.0
ロ　3.3
ハ　3.5
ニ　3.7

型枠施工

正解表

令和2年度　1級　実技試験（計画立案等作業試験）正解表
型枠施工（型枠工事作業）

A３判を40%に縮小してあります

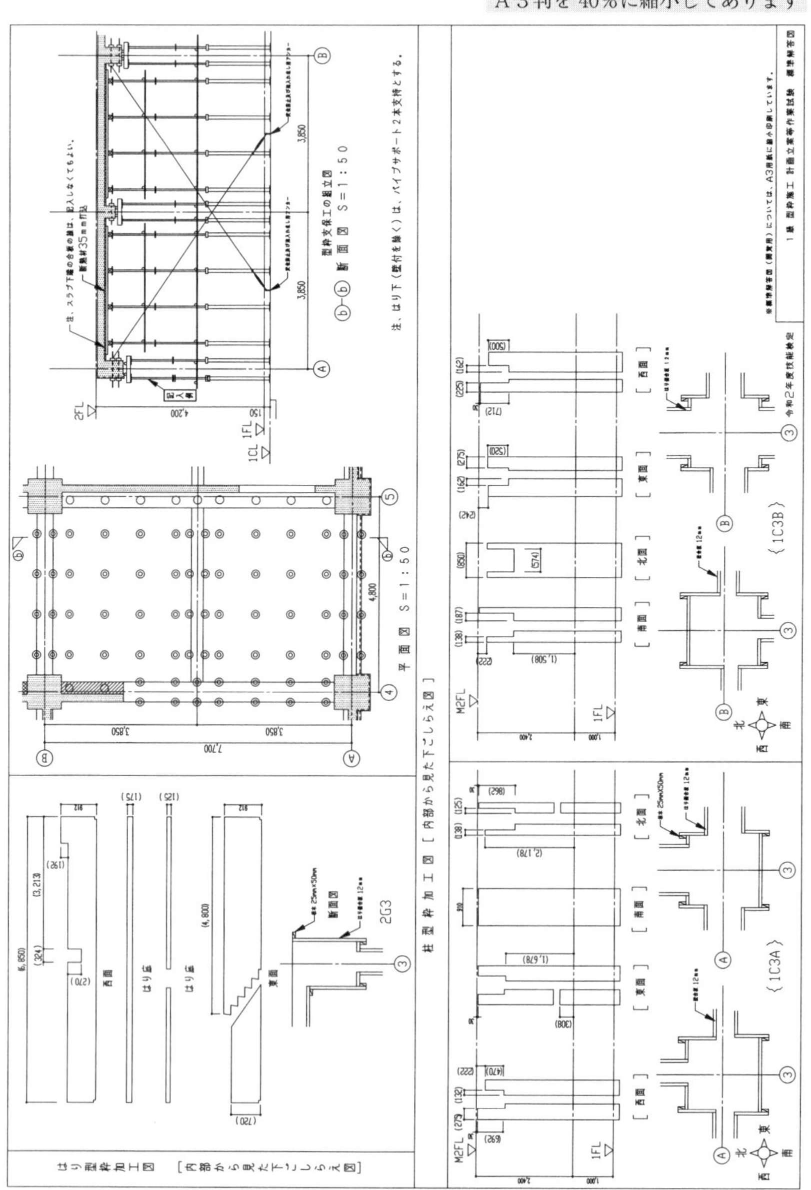

平成 30 年度　1 級　実技試験（計画立案等作業試験）正解表
型枠施工（型枠工事作業）

A３判を 40%に縮小してあります

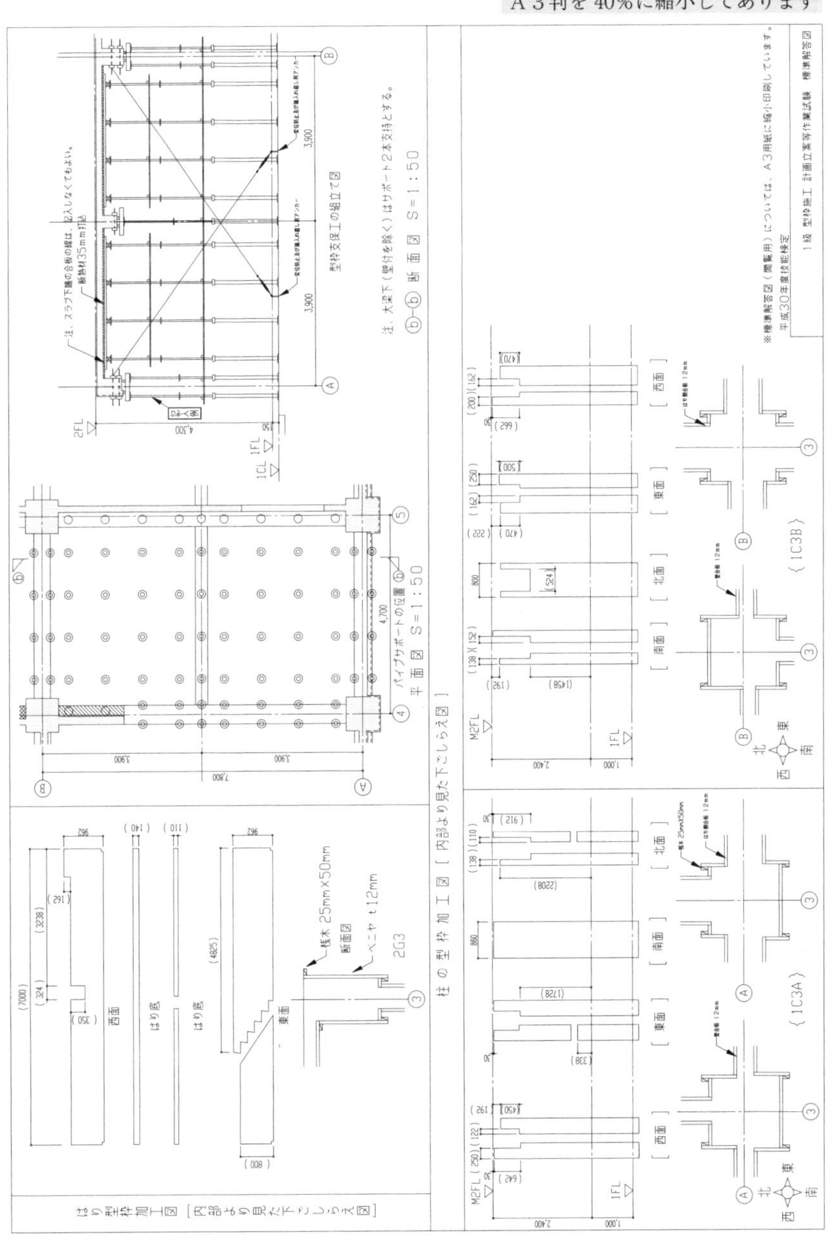

令和２年度　２級　学科試験正解表
型枠施工（型枠工事作業）

真偽法

番号	1	2	3	4	5
正解	X	X	X	○	○

番号	6	7	8	9	10
正解	○	X	X	X	X

番号	11	12	13	14	15
正解	X	X	X	X	○

番号	16	17	18	19	20
正解	X	X	○	○	○

番号	21	22	23	24	25
正解	X	X	X	○	X

択一法

番号	1	2	3	4	5
正解	ニ	ニ	ハ	ロ	ロ

番号	6	7	8	9	10
正解	ロ	ニ	ロ	イ	ニ

番号	11	12	13	14	15
正解	イ	ニ	ロ	ロ	ニ

番号	16	17	18	19	20
正解	ニ	ハ	ハ	ニ	イ

番号	21	22	23	24	25
正解	ニ	ハ	ロ	ハ	ハ

令和元年度　２級　学科試験正解表
型枠施工（型枠工事作業）

真偽法

番号	1	2	3	4	5
正解	○	○	○	○	○

番号	6	7	8	9	10
正解	X	X	○	○	X

番号	11	12	13	14	15
正解	○	○	○	X	○

番号	16	17	18	19	20
正解	X	○	○	X	○

番号	21	22	23	24	25
正解	X	X	X	○	X

択一法

番号	1	2	3	4	5
正解	ハ	ロ	ハ	ハ	ハ

番号	6	7	8	9	10
正解	ロ	ニ	ニ	ハ	ニ

番号	11	12	13	14	15
正解	ニ	ニ	ニ	ニ	ハ

番号	16	17	18	19	20
正解	イ	ロ	イ	イ	ロ

番号	21	22	23	24	25
正解	ロ	イ	ロ	ロ	イ

平成30年度　2級　学科試験正解表
型枠施工（型枠工事作業）

真偽法

番号	1	2	3	4	5
正解	X	○	○	○	X

番号	6	7	8	9	10
正解	○	○	X	X	○

番号	11	12	13	14	15
正解	X	X	X	X	X

番号	16	17	18	19	20
正解	○	○	○	X	○

番号	21	22	23	24	25
正解	○	X	X	X	X

択一法

番号	1	2	3	4	5
正解	ニ	ロ	ハ	ロ	ロ

番号	6	7	8	9	10
正解	イ	ニ	イ	イ	ロ

番号	11	12	13	14	15
正解	イ	ニ	イ	ロ	イ

番号	16	17	18	19	20
正解	ニ	ニ	ロ	イ	イ

番号	21	22	23	24	25
正解	ハ	ニ	ロ	ハ	ハ

令和２年度　１級　学科試験正解表
型枠施工（型枠工事作業）

真偽法

番号	1	2	3	4	5
正解	○	×	○	○	×

番号	6	7	8	9	10
正解	×	×	○	×	○

番号	11	12	13	14	15
正解	×	×	×	○	○

番号	16	17	18	19	20
正解	○	×	×	×	×

番号	21	22	23	24	25
正解	×	×	○	×	○

択一法

番号	1	2	3	4	5
正解	ニ	ハ	イ	ニ	ロ

番号	6	7	8	9	10
正解	ニ	ロ	イ	ハ	ハ

番号	11	12	13	14	15
正解	ロ	ニ	ニ	イ	ロ

番号	16	17	18	19	20
正解	ニ	ロ	ハ	ハ	イ

番号	21	22	23	24	25
正解	ニ	ハ	ハ	ハ	ハ

令和元年度　１級　学科試験正解表
型枠施工（型枠工事作業）

真偽法

番号	1	2	3	4	5
正解	○	○	×	○	×

番号	6	7	8	9	10
正解	×	×	×	×	○

番号	11	12	13	14	15
正解	○	×	○	×	○

番号	16	17	18	19	20
正解	○	○	×	○	○

番号	21	22	23	24	25
正解	○	○	○	×	×

択一法

番号	1	2	3	4	5
正解	ニ	ハ	ニ	ハ	ロ

番号	6	7	8	9	10
正解	ハ	ニ	ロ	ロ	イ

番号	11	12	13	14	15
正解	ロ	ニ	ニ	ハ	ニ

番号	16	17	18	19	20
正解	ニ	ロ	イ	ロ	ハ

番号	21	22	23	24	25
正解	ロ	ハ	ハ	ハ	ロ

平成 30 年度　1級　学科試験正解表
型枠施工（型枠工事作業）

真偽法

番号	1	2	3	4	5
正解	○	X	○	X	X

番号	6	7	8	9	10
正解	○	X	○	○	○

番号	11	12	13	14	15
正解	X	X	X	X	X

番号	16	17	18	19	20
正解	X	X	○	○	X

番号	21	22	23	24	25
正解	X	○	○	○	X

択一法

番号	1	2	3	4	5
正解	ニ	イ	ハ	ロ	ニ

番号	6	7	8	9	10
正解	ニ	ハ	ニ	イ	ハ

番号	11	12	13	14	15
正解	イ	ロ	ハ	イ	ハ

番号	16	17	18	19	20
正解	ハ	ロ	ハ	ロ	イ

番号	21	22	23	24	25
正解	ロ	ハ	ハ	ロ	ハ

・本書掲載の試験問題及び解答の内容についてのお問い合わせ等には、一切応じられませんのでご了承ください。
・試験問題について、都合により一部、編集しているものがあります。

平成30・令和元・2年度
1・2級 技能検定　試験問題集　77　型枠施工

令和3年8月　初版発行

監　修　中央職業能力開発協会
発　行　一般社団法人 雇用問題研究会
〒103-0002　東京都中央区日本橋馬喰町1-14-5 日本橋Kビル2階
TEL　03-5651-7071(代)　FAX　03-5651-7077
URL　http://www.koyoerc.or.jp
印　刷　株式会社ワイズ

223077

ISBN978-4-87563-676-2 C3000